戰國名家老的危機處理術

面對戰爭、內鬥、財政破產的計謀

加來耕三——著
陳心慧——譯

目錄

序章——危機時扮演的角色

第一章——名輔佐的條件

第二章——重建財政的秘計

第三章——負責的方式

第四章——成功與失敗的條件

序章 危機時扮演的角色

天童藩
仙台藩
米澤藩
會津藩
長岡藩
松代藩
江戶
加賀藩
小田原藩
高島藩
岡崎藩
名古屋
田原藩
大坂
松江藩
赤穗藩
備中松山藩
紀州藩
廣島藩
長州藩
土佐藩
福岡
熊本藩
薩摩藩

難題與「名家老」

說得誇張一點，「名家老」是那些半生都棲身在七難八苦逆境中的人。為什麼會這麼說呢？這是因為，無論是在戰國（亂世）或是江戶（太平）時代，輔佐大名的人，也就是身為第二把交椅的「家老」（又或是「侍大將」），能擔得起著名的「名」字，有一個明確的前提。

這個前提就是「危機」。擺在他們面前的，是必須解決的超級難題。賭上生存的戰爭、財政破產、家督繼承的內鬨、派系鬥爭所產生的巨大權力與對立等，無論是哪一種狀況，權宜之計已經不足以解決問題，這些刻不容緩的難題正等著名家老們。也可以說是以「危急存亡之秋」做為前提。

數名「家老」嘗試著解決問題，但卻紛紛鎩羽而歸，留下了無解的爛攤子。經過反覆失望、失意以及敗北，藩中士氣低落，包括無法解決問題的人在內，周圍瀰漫著厭戰、反抗以及忌妒的氛圍，感情用事之下自暴自棄，甚至有人開始搞破壞。名家老們所面對的是這樣孤立無援、四面楚歌的狀況。

然而，可以被稱作是「名家老」的這些人，無論他們喜歡或是不喜歡，都能夠在這樣的逆境中火中取栗，排除萬難，做出一定的成果。只有成功解決難題的少數「家老」（輔佐），才有資格被稱作「名家老」。

而且，「名家老」的評價是在當時所有參與事件的人都不在人世之後，由後世，也可說是「百年後的知己」所給予的。在挑戰難題的途中不幸身亡的人很難被稱作「名家老」。許多「名家老」在他們的一生中，受盡周圍嚴峻的彈劾與指責，在做出成果後，卻死於非命。

或許，被選中的人，無論是自薦或是他薦，在他站上那個位置的同時，也就注定了悲慘的命運。既然如此，到底是什麼力量驅使他們完成使命呢？

有些人是本著「至誠奉公」的精神，有些人是本著對主上的忠義，也就是孔子所說的「志於道」(首先要立志)。然而，追究歷史，也可說是他們的「宿命」。

看開了、放棄了、覺悟了……等。

無論是積極或是消極的態度，會站上那個位置，也許是一種人類的智慧所無法算計的機緣。正因如此，轉換時代背景，戰國與江戶時代的「名家老」，也存在於現代的企業或組織當中。

最終奪取天下的德川家康，傾盡全智全能開創了德川政權＝幕藩體制。這其實是經過精密計算後所創造的體制。

換一個角度來看，沒有什麼比這個制度更可以清楚看出德川家康的陰險與狡詐。德川政權也許是建立在室町政權和豐臣政權的反思之上。

德川政權的重點只有一個。

無論如何都要建立堅若磐石的長久政權。換句話說，必須知道室町和豐臣兩個政權，為什麼在短時間之內就失去了機能。德川家康希望天下太平的願望，與建立屬於自己的長久政權相關，為此，他拼命學習過去的歷史。

德川家康滅了豐臣家取得天下，在以武力為後盾的情況之下，接連頒布了「一國一城令[1]」（慶長二十年＝一六一五）、「武家諸法度」、「禁中並公家諸法度」、「五山十剎諸山法度」等。明定「天下的法度」，將日本放在穩定的法治體制之下，這是他鞏固政權的大前提。接下來，德川家康整頓貨幣，制定金、銀、銅三種貨幣，同時廣泛實施「石高制[2]」，架構了所有一切都是以「稻米經濟」為中心的新秩序。

德川家康在為人生畫上句點前曾留下遺言，說道：

「不得更改家政的制度。一切就像在三河時一樣……。」

在三河，統領村子的領袖稱作「老中」，而輔佐他的人則稱作「若年寄」。從德川家還僅是三河一個小豪族的時候開始，就已經使用這些名稱，等到德川家康統一天下之後，這些就成了幕府官職的名稱。

家康的失策創造了「明君」

姑且不論官職，問題的重點是前述的石高制。「米」是三河這個鄉下地方的經濟基礎，而德川幕府沿用了這個以「米」為中心的經濟制度。無論是號稱擁有八百萬石(實質上是四百萬石)實力的德川家，或是大名、旗本[3]等身分，皆是以稻米的收穫量，也就是「石高」為基準作衡量。

然而，稻米在饑荒時價格暴漲，豐收時則價格狂跌。由於是農作物，每一年的產量自然不同。用這種不穩定的財源經營國家財政本來就不可能一帆風順。然而，德川幕府卻遵循德川家康的遺言，一直到幕府倒台之前，都是採用這種以稻米為中心的經濟制度。

在幕府草創時期，當百姓處於自給自足的時候，這種制度並沒有太大的問題。然而，隨著太平盛世的到來，經濟不斷地膨脹，也暴露出了以稻米為中心的經濟制度潛藏的問題。

將多餘的稻米換作現金的制度逐漸完善，這股風潮衝擊了幕藩體制中最重要的自給自足經濟。最終，農民也將經過加工的農產品或物產品商品化，賣給商人所經營的商鋪，進入了半農半商的社會。

也就是說，原本是德川家康政治基礎的稻米，現在被換成了現金。

不僅是地方各藩，就連幕府都在豐收時，將多餘的稻米送到大坂換成現金，用這些錢當作公共的經費使用。旗本和御家人的俸祿，一般都是用稻米支付，但他們也都開始賣掉這些稻米，換成貨幣，用來當作生活費。

然而，自己拿去販賣非常麻煩與不方便。於是，他們便交給「札差[4]」處理，而這個圖方便的舉動卻帶來了禍害。

舉債的慘況

當武士階級習慣了消費生活，他們便開始將還沒有收成的稻米拿去抵押，向札差借錢。這些旗本和御家人加快了幕府走向貧困的腳步。

另外，由於稻米有可能豐收或歉收，這些已經習慣使用「錢」＝貨幣的幕府或是大名，每每遇到天災便會虧錢，為了填補損失又向商人借錢，甚至連尚未收成、明年以後的稻米也都不得不交到商人的手裡。

然而，唯一的靠山——「稻米」受到天候的左右，收穫量的減少直接等於借款的增加，再加上如果雪球般不斷擴大的利息，讓他們最終陷入了甚至連利息都無法償還的慘況。

「現今的諸侯（大名），無論大小，全都低頭向商人借錢」（太宰春台《經濟錄》）。

三百諸侯的藩主和家老，現在他們最大的使命就是如何減少借款，重建即將面臨破產的各藩財政。

在稻米經濟還沒有出現破綻的德川幕府初期，成為「明君」的條件非常寬鬆。他們只要與幕府內閣保持順暢的溝通，不因惹怒幕府而被改易[5]、減封或轉封，又或是只需擔心從戰國亂世到太平盛世，如何撫育各自的藩士和領民即可。

換句話說，重點在於如何以儒學培養出可以順應太平盛世的人物。以這些人作為政治的根本，只需要整頓領地內的事務即可，開拓和開墾的難度也不是很高。

稱得上是幕府初期「明君」的包括二代將軍德川秀忠之子，同時也是三代將軍德川家光同父異母弟弟的會津藩主——保科正之（一六一一—七二）、御三家[6]之一的水戶藩主——德川光圀（一六二八—一七〇一）、備前岡山藩的池田光政（一六〇九—八二）、加賀金澤藩的前田綱紀（一六四三—一七二四）等。

他們在自己的領地內推行水利事業，設置儲糧倉以供歉收或饑荒時使用，且讓藩士和領民學習儒術，再加上嚴格律己，讓他們成為了「明君」、「仁君」，為當時和後世的人們所景仰。

非常時期的人才和最後的王牌

唯一比較有難度的應該是如何統治戰國時期留下來的家臣們。當出現了實力凌駕於藩主之上的家老，該藩便會發生動盪。

其中一個例子是讚岐高松藩主生駒高俊（一六一一—五九）和他的重臣生駒將監、生駒帶刀父子。由於生駒帶刀向幕府告狀，導致生駒高俊因處理家事不力而被問罪，最終領地遭到沒收，流放出羽國（現在的山形縣和秋田縣）。而生駒帶刀則交由出雲的松平家看管。

另一個例子則是石見濱田藩的家老古田左京。由於藩主古田重恆膝下無子，為了怕無人繼承藩業，因此他計畫讓自己的嫡孫古田萬吉繼位。為此，古田左京與藩主的近臣聯手，以「王君亂心」為由，準備幽禁藩主。然而東窗事發（近臣告密），十八名有關人等皆被處以極刑。這是發生在政保三年（一六四六）六月的事。

像這些各藩內的騷動一直到幕府末期都不斷地上演，而藩政本身也以元祿年間（一六八八－一七〇四）為分歧點，產生了重大的改變。

人們的生活愈發奢靡，稻米經濟受到貨幣的衝擊，再加上大名的參勤交代[7]以及移封、減封等，各藩逐漸走向慢性財政赤字、財政破產的無底深淵。而幕府本身的情況也相同。

「重建各藩財政」可說是江戶中期之後，每一個藩主和家老都必須挑戰的難題。然而，只要稍加思考便不難發現，德川家康的幕藩體制原本就是為了削弱大名們的實力所建立。因此，無論大名們如何努力，在這樣的體制之下本來就很難增加儲蓄。

往返於江戶和領地的雙重生活，幕府這種以請求支援為名的強制性政策，無疑讓各藩的財政陷入疲軟，不斷發生的饑荒和天災更是雪上加霜。

面對這樣的情況，藩主和家老們能夠做出的努力其實很有限。只能獎勵節約、重新開墾、生產特產品等來增加收入，又或是向藩士們借取俸祿等。

這些努力總稱「藩政改革」，但事實上幾乎完全不可行。

仔細想想，各藩官員一直以來放任造成藩政危機的原因，這些人真的有可能執行完全反方向的藩政改革，進而重建財政嗎？對於三百諸侯而言，藩政改革成為了他們每一個人都無法倖免的課題，然而，真正改革成功的藩，卻是少之又少。

不難猜想，無法改革成功的主因在於，當遭遇到非常事態的時候，沒有適當的人才可以擔當重任。

在這樣的非常時期，唯有能夠確保並投入適當人才的大名家，其成功者才有資格被稱作「名家老」。

「有非常之人，然後有非常之事；有非常之事，然後有非常之功」（《文章軌範》）。

翻開歷史，比起太平盛世，動亂時代更是人才輩出。

「名家老」正是如此。唯有在面臨巨大危機、無法用一般的價值觀來衡量事物的時候，真正有實力的人，才終於能夠站在鎂光燈之下，受人矚目。

然而，就算站在鎂光燈下，是否能夠獲得重用，那又是另外一件事。受到土佐藩二代藩主山內忠義提拔的野中兼山便是如此。後來成為藩政改革「範本」的米澤藩九代藩主上山治憲（鷹山），他學習肥後熊本本藩六代藩主細川重賢（從藩祖細川藤孝起算第八代）重用崛平太佐衛門的做法，手下有包括竹俣當綱在內的多位「名家老」。

輔佐明君的人們，過程中雖然也曾絕望，但仍不放棄，努力推行藩政改革，終究獲得了一定的成果。

然而，到了幕府末期，流通經濟的發展更加迅速，以稻米經濟為中心所產生的問題已經到了若不改革制度根本無法收拾的地步。

到了這一步，任誰都可以看出幕藩體制的崩壞。

另外，這個時期還牽涉到海防問題。尤其是面海的各藩，受到俄羅斯南下和清朝鴉片戰爭的衝擊，日本為了避免淪為歐美列強的殖民地，必須花費大筆金錢在海防上面，這對於原本就已經困難重重的財政重建而言，無疑是雪上加霜。

就這樣，後期的各藩當中，「名家老」已經無法靠一個人的力量、才幹、手腕突起。例如，在明治維新原動力的薩摩和長州，兩藩之所以可以成就如此大業，是因為大刀闊斧地採取了非法的措施。

薩摩藩在九代藩主島津重豪那一代，共背負了五百萬這個天文數字的債款，為了還債而被提拔的調所笑左衛門，他逼迫商人同意與倒帳無兩樣的兩百五十年還款計畫，最終甚至進行走私貿易。至於在長州，藩主毛利敬親手下的村田清風，擔任的也是同樣的角色。

就像這樣，德川家康創造的幕藩體制讓大部分的藩都不得不採取非法手段，在這樣精疲力盡的情況下，進入了幕府末期的動亂時期。

明治維新後廢藩置縣，大名家逐漸消失，成為了名為「華族」的特權階級，但他們的家臣被切割，於是，「名家老」也在這時吹起了熄燈號。

1「國」指的是令制國或是大名的領國（後來的「藩」），一「國」只能有一座城，其他的城都必須拆掉。

2 幕府時代用來表示土地生產力的一種制度，以「石」為單位計算。1石＝10斗。

3 基本上，石高一萬石以上的武士稱作「大名」，直屬於將軍德川家而石高未滿一萬石的武士則稱作「旗本」，可以列席將軍出席的儀式。

4 專門仲介買賣稻米的人。

5 被貶為庶民。

6 擁有將軍繼承權的德川家三大旁系，除了水戶家之外，另外兩家分別是尾張家和紀州家。

7 各藩藩主必須往來江戶和自己的領地，替將軍執行政務。

第一章

名輔佐的條件

用情報分析能力與判斷力輔佐德川家康的謀臣

——德川家，本多正信和本多正純

威脅主上生命的男人

這是在德川家康收下豐臣秀吉的臣下之禮，轉封關東之後的事。在一次的宴席上，不知是認真還是開玩笑，德川家康曾向家臣們說過這樣的話。

「傾盡全力，該從哪邊開始進攻好呢？」

他指的是從關東進攻京都的可能性。

「——應該可以一舉攻到美濃關原。不管怎麼說，東海道是我們熟悉的土地。而且，這個方向的大名們，他們每一個人都非常勤奮，但卻沒有能夠整合他們的人。」

「——不、不，中村一氏是一位名將，而且堀尾帶刀先生(吉晴)也是擊敗豐家、立功無數的老將，如果現在進攻，恐怕攻不下濱松城。」

家臣們都有自己不同的意見。由於是宴席上的閒聊，大家也都不在意地隨便發表意見。

然而有一個人——**本多正信**，只有他刻意不發言。德川家康發現後看著他，他也僅是默默地搖搖頭，不被周圍的人發現。

（連箱根也無法跨越）

本多正信的臉說明了一切。德川家康看了之後也默默地點點頭。

豐臣秀吉對德川家康設下包圍網，比起正面，背後設下的防禦更是巧妙。關東後方有一位名將蒲生氏鄉，如果不是他四十歲時病逝，恐怕根本不會發生關原之戰。

只有德川家康和可以稱得上是他謀臣的本多正信看出了蒲生氏鄉的厲害。

正因為如此，德川家康對待本多正信像對待朋友一般，二人的關係可說是「君臣之間，如魚得水」。

然而，本多正信有一段與這段關係背道而馳的過去。他曾經威脅主上德川家康的生命。

本多正信生於天文七年（一五三八），三河人（現在的愛知縣東部），家中貧窮，年輕時曾經擔任過鷹匠[1]一職。這樣的境遇，讓他走向了一向一揆[2]。

本多正信

永祿六年（一五六三）在三河發生的一向一揆讓德川家康的家臣們一分為二，當時擔任一揆參謀的本多正信與德川家康對峙了大約六個月的時間。

站在德川家康方的家臣個別說服了站在一揆方的家臣，雙方終於達成和議，但這次的事件對於德川家康而言，是他人生中少數的試煉。

對抗德川家康的家臣大多數歸順，但不知是不是本多正信不服德川家康，他出走京都，有一段時期寄身於佔據畿內的松永久秀門下。這時的本多正信二十六歲。

松永久秀殲滅主家三好家、燒毀大佛、虐殺十三代將軍足利義輝，稱得上是一代梟雄，但他同時也是文武功績卓越的武將。

這樣的松永久秀曾經如此評價過本多正信：

「我見過許多德川家康身旁的武士，多半都是只有武勇之輩。然而，唯有本多正信，不過強、不過柔、不過卑，並非世間尋常之人」（新井白石著《藩翰譜》）。

之後，本多正信潛行加賀（現在的石川縣南部），以一向一揆的將領之姿大展抱負。在受到織田信長北路方面軍（主將柴田勝家）的攻擊，門徒的勢力衰亡之後，本多正信流浪於包括越後（現在的新潟縣）在內的各國，在舊識大久保忠世（彥左衛門的親哥哥）的牽線之下，終於回到了德川家。

有一說這是發生在天正十年（一五八二）的事，如果是這樣的話，當時的本多正信應該已經四十五歲了。

德川家康的「運籌帷幄之謀臣」

身為「回鍋的菜鳥」，本多正信遭受到四周人無情的視線，在如此不自在的環境之下，並沒有任何關於本多正信在戰爭中建功的記載，他似乎不是活躍在戰場上的人。一直到武田家滅亡和本能寺之變前後，他的存在才為人所知曉。

尤其是在本能寺之變的時候，本多正信迅速掌握情勢，將當時正在堺城的德川家康救往三河，立下大功。在歸途中，他收買各路豪族，果斷決定翻越伊賀，其籌謀、規劃的手腕讓他「自此之後非常受到德川殿下的寵愛，隨侍左右，參與議論軍國政事」（《藩翰譜》）。

另一方面，德川家第二把交椅酒井忠次的權勢衰退，第三把交椅石川數正出走投奔豐臣家，德川家內部的各種變故，也讓本多正信得到了德川家康「運籌帷幄之謀臣」的地位。

為什麼本多正信會如此獲得信賴呢？那是因為他曾經周遊各國，這是其他三河家臣所沒有的經歷。這些經歷磨練了他的情報分析能力和判斷力，也讓他更加深謀遠慮。

例如，當豐臣秀吉決定出兵朝鮮的時候，本多正信立刻將今後攻取天下之事列入算計，引導德川家康提出必須留守關東而不參戰，此舉讓德川家得以保存軍力。

另外，豐臣秀吉死後，以石田三成為首的文治派官僚與以加藤清正和福島正則等秀吉弟子為首的武功派大名對峙，石田三成被逼到走投無路的地步。此時本多正信向德川家康進言，說道：

「此時殲滅石田三成並非上策。應該幫助三成，製造舉兵的機會。」

本多正信可說是關原之戰的幕後推手。

本多正信一早便計算出，藉由幫助石田三成逼反德川陣營的大名表態，讓這些反對勢力團結後再一網打盡，如此一來便可以加速德川家康取得天下。將五大老逐個擊破的策略，想必也是出自本多正信之手。就如同圍棋或將棋高手必須設想十幾步之後的棋一般，本多正信具備了洞察先機的能力。

前田利家與德川家康並列，在豐田政權中擁有舉足輕重的地位，其後繼者的前田利長在豐臣秀吉死後，計畫打倒暴露奪取天下野心的德川家康。然而，增田長盛和長束正家等五奉行[3]向德川家康告發了前田利長的計畫。德川家康在這件事上也徵詢了本多正信的意見。

本多正信推斷，前田利長與利家不同，他無法調動前田家所有的軍隊，且前田家內部的意見也多有分歧，認為只要施加壓力，前田家便會無條件投降。

德川家康的看法也相同。事實上，最終前田家將前田利家的正室，也就是前田利長的生母芳春院送往江戶當作人質，並表示絕無二心，也就是代表了無條件投降。

接著，只要以征討五大老之一的上杉景勝為名，向北進軍，則石田三成必會舉兵，這也是本多正信和德川家康共同推斷出的結果。說服西軍眾將倒戈也是他的傑作。

在關原之戰中獲勝的德川家康在三年後的慶長八年（一六〇三），接下獲封征夷大將軍的詔令文書，開啟了江戶幕府時代。剩下的問題便是要如何處置德川家康名目上的主人——豐臣秀賴。德川家康和本多正信深知，若沒有可誅之罪，則無法起兵征討豐臣秀賴。

那麼到底該如何是好呢？這時的德川家康六十二，本多正信六十六歲。

二人戒急用忍。二年後，德川家康傳位三子德川秀忠為二代將軍，讓天下知道德川幕府採取的是世襲制，德川家康自己則擔任「大御所」，於駿府（現在的靜岡縣靜岡市）攝行天下之政，並將本多正信之子本多正純留在身邊。

本多正純出生於永祿八年（一五六五），據說與父親同樣擅長權謀術數，負責與被派到江戶德川秀忠身旁的父親本多正信聯絡。

將軍德川秀忠在江戶掌權，逐漸將權力從東日本擴展到日本全國，德川家康只需要專心思考如何對付豐臣秀賴即可。當時本多正信和正純父子的權勢天下無人能及，達到了鼎盛。

慶長十六年，在二條城會見豐臣秀賴（十九歲）後的德川家康（七十歲），必是感受到對自己年紀的無能為力。豐臣秀賴年輕力壯，而自己年老，來日不多。已經沒有時間了。

扮演黑臉的角色

本多正信讓豐臣秀吉的弟子片桐且元成為德川家公認的家老，將他擋在了大坂城，並且巧妙地操控片桐且元，對豐臣家進行內部的破壞。為了減少大坂城內累積的無盡軍事資金，利用女城主淀殿的信仰，慫恿她如流水般地將錢花在奉獻與修建神社佛閣之上。另一方面，引誘年輕的豐臣秀賴沉迷酒色，使盡了各種手段。

德川家康和本多正信主從二人用盡辦法削弱豐臣家的實力，希望可以讓豐臣秀賴和其生母淀殿搬離大坂城，以和平的方式轉移天下政權。然而，大坂方面卻不願意這麼做。終於，德川家以豐臣家在京都東山重建的方廣寺，其大佛殿旁的鐘銘文詛咒了德川幕府和德川家康為由，發動了大坂冬之陣。

德川家康和本多正信深知攻城戰並不容易，因此一開始便希望能夠盡快達成和議。達成和平協議之後，德川家並沒有將填平外壕溝的約定寫進協議中，僅僅是口頭約定。結果，德川家除了三之丸（外壕溝）之外，更一口氣填平了二之丸（內壕溝）。

這時負責填平工程的人正是本多正純，他在接受到豐臣家的抗議之後，以大御所（德川家康）感冒為由拖延時間，甚至後來自己也稱病。看到被填平的內壕溝，他還對到大坂城勘查的本多正信裝傻充愣，說道：

「怎麼會有這麼奇怪的事情？」

被愚弄的豐臣家再度舉兵，這也是在德川家康和本多正信的預料之內。

殲滅豐臣家，德川家成為了名符其實的天下共主。本多正信也繼續參與政治。

「不讓百姓的財富有過多或不足，才是治理之道」。

本多正信考慮到時代的轉換，在他的自傳《本佐錄》中寫下這一段話。

到目前為止活躍在戰場上的武功派，在今後的太平盛世中成為了不必要的存在。那麼，這些人該怎麼辦呢？為了讓轉變更為順利，籌謀、規劃之人本身也必須清廉潔白。無論德川家康再怎麼加封，本多正信都不接受高於相州玉繩城（現在的神奈川縣大船）二萬二千石的俸祿。

幫助德川家康取得天下並且扮演黑臉的本多正信，下一步準備進行幕府內的肅清計畫。但在元和二年（一六一六）四月十七日德川家康去世之後，不知道是否是太過思念，本多正信也於同年的六月七日去世。德川家康七十五，本多正信七十九歲。

本多正純繼承了本多正信的遺志，但他卻沒有父親般堅強的信念。

他不自覺自家的權勢已經隨著德川家康的去世而削弱，新的權勢（老中）崛起，也無法讀出幕府中已經有許多人準備挑他的毛病，趁機剷除。本多純一時大意，拜領了宇都宮十五萬五千石的俸祿。

本多正純在三年後的元和八年失勢。寬永十四年（一六三七）去世，享年七十三歲。

1 負責飼養、訓練、狩獵鷹的武士。

2 「一揆」指的是人民起義。而「一向一揆」則是由日本戰國時代淨土真宗本願寺派信徒所發起的一揆總稱。

3 豐臣政權末期設置的職務，負責政權運作。

擔任關原西軍副大將宇喜多秀家的先鋒

——宇喜多家，明石全登

豐臣秀吉的「猶子[1]」

關原之戰前，西軍握有實權的大將石田三成，曾經向他以為的盟友，也是五奉行之一的增田長盛送出密函。

石田三成在密函中寫道：

「備前中納言殿下（宇喜多秀家）這次是不得已才下此決心。相信你已從許多人口中得知，還來不及稟告。願賭上一命，鞠躬盡瘁。」

從中可以看出，在東西兩軍短兵相交之際，石田三成對於五大老之一的**宇喜多秀家**，可以說是持有絕對的信任。

至於為何只有宇喜多秀家獲得如此的信賴呢？那是因為他只需要貫徹身為豐臣家武士的道義。

元龜三年（一五七二），身為亂世梟雄宇喜多直家的嫡子，宇喜多秀家出生於備前的石山城（岡山城，也就是現在的岡山市北區）。父親宇喜多直家是典型的戰國武將，可說是窮凶惡極之人。宇喜多氏原本不過是備前南部的豪族，在宇喜多直家的祖父宇喜多能家一代，雖然成為了備前守護代——浦上氏的重臣，但接下來的宇喜多興家過於平庸，宇喜多家再次沒落。

宇喜多直家重新任職浦上家，將陰謀、毒殺等卑劣的手段發揮得淋漓盡致，以備前乙子城（現在的岡山市東區乙子）為基礎，陸續攻下備前和美作兩國各城，最終偷襲主家浦上氏，成為支配中國地方的戰國大名。

然而，宇喜多直家的好運終究有到頭的一天。天正九年（一五八一）宇喜多直家這個惡人病死，當時的宇喜多秀家（乳名八郎）才僅十歲。

正因為宇喜多直家從來不把別人放在眼裡，也無法信任親戚和家臣，因此他將兒子的將來託付給了急速竄起的織田信長，並請當時的羽柴秀吉[2]從中牽線。

藩主・宇喜多秀家

有一說，擔任此一外交交涉來往秀吉處的是堺城的商人，也就是後來的小西行長。天正十年，宇喜多秀家的叔父宇喜多忠家派遣家老岡平內為使者前往安土，城拜託秀吉當中間人，向織田信長請示讓「繼子八郎」繼承家業，獲准掌管宇喜多直家遺留下來的領地。

宇喜多忠家是一個有識人之才的人。

同年四月，當上織田家中國地方司令官的羽柴秀吉為了征討毛利，準備出兵姬路城，宇喜多忠家便拜託秀吉照顧自己的主上八郎。做為報酬，他將岡山的一萬大軍撥給了秀吉。在進攻毛利氏各城的時候，擔任了先鋒軍的角色。

當秀吉正在水攻備中高松城（現在的岡山市北區高松）時，發生了本能寺之變。

秀吉在知道主上織田信長橫死之後，突然與毛利氏講和，在割讓領土時，將備中和美作兩國的數郡給了宇喜多秀家。這時，宇喜多秀家的領地，加上父親遺留下來的領地，共有五十七萬四千石。

天正十三年，十四歲行元服禮[3]後的「秀家」（取自秀吉的「秀」和直家的「家」），正式成為秀吉的「猶子」。以後，秀家不使用宇喜多的姓氏，對外稱羽柴秀家，在後來領內的書信中，使用的是「豐臣秀家」的名字。當然，自家的家紋使用的也是豐臣家的「五七桐」。最起碼，岡山城的磚瓦統一使用了五七桐的紋路。在他行元服禮的那一年，秀家當上了五位下侍從，翌年和第三年都持續升官。年僅十六歲便當上了從三位左近衛中將、參議，給他的官位和職稱可說是史無前例。

這一切的一切都是受到秀吉的推舉。

天正十六年，秀吉更讓秀家娶了自己的養女（前田利家的四女）豪姬，藉此聯合豐臣家、前田家，以及宇喜多家。

秀吉之所以如此厚愛秀家，是希望在自己死了之後，豐臣家依舊能夠厚待秀家。換句話說，秀家從幼年時期開始，就被秀吉認定是可以囑託將來的人。

文祿元年（一五九二），秀吉出兵朝鮮，秀家以元帥（派兵軍的總司令官）之姿渡海，發揮驚人戰力，彪炳的戰功讓他於文祿三年晉升權中納言。

貴公子的輔佐者

到了慶長三年（一五九八），臥病在床的秀吉為了交託豐臣家的後事，於是設置了「五大老」。德川家康、前田利家、毛利輝元、上杉景勝以及宇喜多秀家被指名為五大老。

當中，二十七歲的秀家最年輕，但官位僅次於大納言德川家康，擔任中納言一職。晚年的前田利家也不過官拜權大納言，不難看出豐臣秀吉對宇喜多秀家寄予厚望。

另有一說，豐臣秀吉之所以會如此厚待宇喜多秀家，要歸功於他的生母——阿福。阿福被譽為是一位絕世美人，在丈夫宇喜多直家病死後成為了寡婦，之後成為了豐臣秀吉的側室。豐臣秀吉的確非常寵愛她。在出兵朝鮮的時候，秀吉曾經寫過一封信給從名護屋城移到大坂城的阿福，信中寫道：

「（前略）八郎（秀家）也已經到了釜山，平安無事，無須憂心。可喜可賀。」

從中不難看出豐臣家和宇喜多家屬於命運共同體。

無論如何，在這樣的環境之下長大成人的秀家所做的一切都是為豐臣家著想，也不難想像在關原之戰的時候，秀家為何會一心與對方決一死戰。更何況，比起背叛西軍的小早川秀秋，秀家絕對不是一個愚鈍之人。

然而，關於總攬宇喜多家政事這一方面，對於這位貴公子而言，負擔似乎重了一些。含著金湯匙出生的秀家，根本不懂得人心的微妙之處。

尤其是在秀吉死後，當面臨從朝鮮撤兵這種對大名的財政而言是一大負擔的負面情勢時，秀家完全處於舉白旗投降束手無策的狀態，這大大地動搖了宇喜多家的根本。

對於尚處於失去猶父秀吉悲傷中的秀家而言，必須支付因出兵朝鮮而產生的鉅額費用，無疑是重重地打擊了宇喜多家的財政。這時的秀家原本應該想辦法重振家業，但對於從來沒有吃過苦的貴公子來說，找到解決的辦法並不是一件容易的事。

政事上被秀家委以重任的重臣戶川達安與反對派之間出現了對抗。

一觸即發的緊張情勢，在德川家康和大谷吉繼二人代表豐臣政權居中調停之下，總算是避免了武力鬥爭。反叛者由德川家康和增田長盛接管，他們當中多是經驗豐富的勇士，這些人在關原之戰中加入東軍，對於西軍而言是一大損失。

當中，主要反叛者之一的浮田左京亮，他正是在大坂夏之陣末期有卓越表現的石見國（現在的島根縣西部）津和野三萬石（之後為四萬多石）大名——坂崎出羽守直盛。

必須有人來輔佐這位貴公子，而且德川家康和石田三成之間的關係隨時可能風雲變色。這時出現的人是**明石全登**。在歷代老臣退出執政的舞台後，他緊接著上場。

明石一族原本和宇喜多氏同為浦上氏的臣下，在全登的父親明石景親那一代，成為了宇喜多家的與力，也就是傭兵。根據《宇喜多中納言秀家卿家士知行帳》記載，受雇的全登，成為了磐梨郡熊野保木城主（現在的岡山市東區），拜領三萬三千多石，是一個小大名（再加上與力的報酬則有三萬六千七百石）。

全登諱守重，通稱掃部頭，另外還擁有約翰、喬安、茹絲特等受洗名，是一名虔誠的基督徒。生卒年不詳，只出現在關原之戰和大坂之陣，是一個像行星一般難以捉摸的人物。

他非常擅長指揮布陣，是一個有才能的侍大將[4]（＝家老）。全登的日文又可讀作「Teruzumi」。

慶長五年秋天，在關原之戰的前哨戰杭瀨川之戰中，石田三成的侍大將島左近和蒲生鄉舍向東軍的中村一榮、有馬豐氏挑釁，引發戰爭，西軍的援軍中便有全登的身影。

陷入苦戰的東軍，為了救出中村的軍隊，有馬趕赴救援，但卻在福田畷遭到由全登率領的宇喜多軍前鋒軍痛擊。這為贏得這場前哨戰全面性的勝利立下了汗馬功勞。

終於到了「決定天下」的東西軍決戰當日——。

將大本營設在南天滿山南麓的宇喜多軍共有騎馬武者一千五百餘騎，步兵一萬五千餘。這個西軍最大的野戰兵力將全軍分成五路，準備突擊東軍的先鋒福島正則。

上午八時開戰後，全登率領宇喜多的八千前鋒軍，以猛烈的攻勢將福島的六千餘軍擊退五百公尺。之後，兩軍一進一退，每當有一方向前推進，就可以聽到如雷貫耳的歡呼聲。旗幟散落一地的戰場，從槍擊戰進入到了近身戰，戰事愈演愈烈。

經過了五個小時。位於北天滿山的小西行長軍受到背叛的小早川秀秋軍襲擊而瓦解。與其交戰的宇喜多軍在這裡也受到了影響。

生死不明

無論全登的調配有多麼地巧妙，宇喜多軍沒有後援的兵力。在兵疲馬困當中，大谷吉繼和小西行長的軍隊陸續瓦解，已經不可能維持戰線。

宇喜多軍的死傷也超過了二千餘名。

知道小早川秀秋背叛的宇喜多秀家怒髮衝冠，帶著全身的怒氣說道：

「這個小人，簡直是傾覆天下。快去把他給我刺死。」

怒不可遏的秀家拉著馬，準備衝入小早川的大本營來個玉石俱焚。

這時，用盡全力擋下秀家的正是全登。他就算在戰局中落居下風，依舊泰然自若，與平時沒有分別。

「殿下，決定天下之戰現在才開始。秀賴公的將來全都寄託在你的手裡。」全登成功說服主上秀家，為了讓秀家能夠脫逃，全登留下來與敵軍奮力一戰。

在看到主上脫離前線後，他也立刻離開。根據《備前軍記》的記載，全登從大坂城逃到了飾磨港。

秀家帶著家臣近藤三左衛門正次藏身伊吹山中，之後主從二人又繼續向北逃。傍晚抵達了北近江的一個農家，再遣三左衛門向宇喜多府通報。

難波助右衛門秀經等五人，奉秀家夫人豪姬之命前往救助秀家。經過商量之後，決定發布秀家的死訊來爭取時間。三左衛門於是立刻出發，向德川家康的謀臣，本多正信之子本多正純詳細報告秀家之死。因此得以脫難的秀家，終於在離家半年後回到了生母阿福（＝圓融院）的府邸（現在的大阪府堺市）。

秀家從此潛藏了一年二個月，發現德川家派人在府邸周邊刺探情形，感覺到危險的秀家於是在慶長七年（一六〇二）從堺市搭船偷偷前往薩摩，以「休復」之名，接受島津家的保護。

這時的島津家準備與德川家康再一次交戰，因此期待可以利用秀家的名聲。然而，當島津家和德川家達成和議之後，秀家反而成為了包袱。大約三年後，島津家向德川家示好，逼秀家自首。

被叫到駿府的秀家，於慶長十一年被流放八丈島。

秀家帶著十二名隨從流放八丈島的大賀鄉，在這個連鳥也不飛過來的離島，過著痛苦的生活。有時望著故鄉垂淚，約五十年後，結束了八十四歲的生涯。

明曆元年（一六五五）十一月二十日，秀家結束了悲慘的一生，他的墓到現在都還留在八丈島。他去世的時候，已經是德川幕府第四代將軍德川家綱的時代。

而全登的結局又是如何呢？他沒有與主人一起行動，也不知道藏身何處，但到了大坂冬之陣的時候，他的身影卻又突然出現。

《大坂御戰山口休庵咄》中記載：「明石掃部，一開始帶了四千人前來，之後又帶了許多人來。」

大坂方面公告，只要戰勝德川家康，就承認基督教。全登也許是因此才來參戰，他如神技般的調度終於戰勝了攻城者。然而，在不懂戰爭的女主人淀殿主導之下，決戰成了和議，最終導致了夏之陣。

善戰的全登也無能為力，大坂城終究淪陷。

在細川忠興於慶長二十五年五月十一日送給老臣們的書信中寫道：

「抓住明石掃部，六日後處死」。

但在四日後的書信中又寫道：

「聽說掃部逃走了。」

有一說全登逃到了南蠻。無論如何，因為他是基督徒，因此應該沒有自裁。想必全登的餘生遠離了血腥的戰場，投入了信仰的世界。

1 與他人的兒子結為親子關係。與養子不同的是，猶子屬於契約關係，不需要改姓。
2 後來的豐臣秀吉。
3 成人禮。
4 大將軍之下負責指揮一隊軍的軍官。

逆轉勝利的軍師、深謀遠慮之人

——仙台藩，片倉小十郎

梵天丸的傳役

中國最古老的詩集《詩經》中有一節寫道：

「靡瞻匪父，靡依匪母」。

我們仰望的是父親，親近依賴的是母親。也就是說，無論如何，父母最重要。日本戰國時代被稱作「獨眼龍」而受到敬畏的武將伊達政宗，也是將父親放在第一位。

永祿十年（一五六七）八月，生於奧州米澤城的政宗，據說差一點遭到母親義姬（保春院，最上義守的女兒）毒殺，因此與母親疏遠。但他的父親伊達輝宗非常疼愛他。

如果沒有他的父親，伊達政宗恐怕也不會與「名家老」**片倉小十郎**相遇，更不會在他的鍛鍊之下登上歷史的舞台。

伊達氏是自源平合戰之後的名門。平定奧州的源賴朝軍中，有一位名叫「常陸入道念西」的武將，一般推論，這個念西就是伊達氏的始祖伊達朝宗。

他和他的兒子獲賜奧州（現在的青森、岩手、宮城、福島各縣，以及秋田縣的一部分）伊達郡（現在的福島縣）的土地。南北朝時代，在當家伊達行朝的帶領之下，逐漸擴張領土。

順道一提，「郡」就是以前的「國」（相當於現在「縣」的行政單位），包含比「國」還小的町村。

室町幕府成立之後，出現了文武雙全的「中興之祖」，也就是又被稱作「大膳大夫入道圓孝」的九代當家「政宗」，開創了黃金時代。

這個大膳大夫政宗的妻子是室町三代將軍足利義滿的生母紀良子的妹妹，在得到將軍家的支持之下，成為了奧州屈指的國人[1]（享年五十三歲）。之後的伊達家代代擔任奧州探題[2]，推動守護補任運動，到了大永二年（一五二二）冬天，十四代的伊達稙宗終於當上了陸奧國守護。

然而好事多磨，稙宗和其嫡子伊達晴宗間爆發了衝突。

伊達晴宗的次子（之後的嫡子）是伊達輝宗，也就是伊達政宗的父親。

片倉小十郎

輝宗親身經歷過父子衝突＝內亂的可怕，因此，就算嫡子梵天丸受到其母義姬的冷落，希望輝宗將家督之職讓給次子竺丸，輝宗卻始終擁護梵天丸。等到梵天丸十一歲時，立刻賜名「藤次郎政宗」。輝宗讓自己的嫡子繼承伊達家中興之祖的名字，可說是期待他能擁有在嚴苛的亂世中生存的霸氣和毅力。

到底父親輝宗為何如此關愛梵天丸？而母親義姬又為何如此

憎恨自己生下的兒子，甚至希望將他廢嫡呢（有一說是企圖毒殺梵天丸）？

這一切都要從梵天丸五歲時染上天花開始說起。

天花病毒讓梵天丸的右眼失明，腫脹的眼球下垂，樣貌非常醜陋。

梵天丸因此變得不愛說話，成為了一個內向陰沉的孩子。她的母親自責照顧不周，懊悔的心理反而讓她逐漸疏遠自己的嫡子。

在這樣下去伊達家在下一代就要絕後，因此他的母親逼迫輝宗將家督傳給次子。然而，他的父親卻找到了一個傅役（太傅，負責教育），這個人就是片倉小十郎。

根據《伊達世臣家譜》記載，小十郎並非伊達家世襲的家臣，而是米澤成島八幡宮的神職（宮司）片倉式部少輔景重的次子，諱景綱。天正三年（一五七五），梵天丸九歲的時候，小十郎獲召擔任徒小姓[3]，之後成為了梵天丸的近侍傅役。當時的小十郎年十九歲。

也許正因為他不是正規的武士，反而更能夠以武士的方式鍛鍊自己，同時也修習鹿島、香取等神式兵法。據說他面貌凜然，是一位偉大夫。

小十郎正面衝撞梵天丸的自卑感，告誡「男人靠的不是臉或外貌」。梵天丸被提及了最不想提及的事情，於是選擇逃避，更加把自己鎖在屋子裡。然而另一方面，梵天丸感受到父親對自己的慈愛，慢慢理解父親派來的小十郎對自己的用心。

終於，梵天丸逼隨從「毀了我的右眼」，但周圍的人感覺事態嚴重，所有人都因膽怯而逃離。

這時，說著「讓我來」，手裡拿著白刃的人正是小十郎。當然，實際上應該是由專門的醫師進行手術。取出右眼之後，梵天丸的性格有了改變，內心的醜陋不見了，開始對自己產生信心。

在關鍵時刻支持伊達家

根據梵天丸的體力和理解能力，小十郎細心教導他騎馬射箭和刀槍之術。雖然是斯巴達式的嚴格教育，但繼承「政宗」之名的梵天丸拚盡全力，跟隨小十郎的腳步。

曾幾何時，二人之間超越了主從，建立了如血親般的信賴關係。

父親輝宗將出身同族、比政宗小一歲、沉著冷靜且英勇無敵的伊達成實安置到兒子的身邊。另一方面，考慮到將來，也不忘召集遠藤基信等「文」方面的老學者，可說是兼顧了文與武。這樣的人事安排，在亂世終結後的太平時代，為政宗發揮了很大的作用。

天正五年（一五七七），政宗行元服禮，天正七年，迎娶三春城主田村清顯之女愛姬為妻，天正十三年，繼承家督。

被認為落後中央五十年的奧州，從政宗當家開始，才終於正式迎接群雄割據的時代。

北邊有母親的親兄長最上義光、大崎義隆、葛西晴信。南有畠山義繼、二階堂一族，另外還有遠比伊達氏龐大的蘆名一族、佐竹義重等。

天正十三年，曾經發誓服從伊達氏的安達郡（現在的福島縣）小濱城主大內定綱（西國之雄，自稱大內氏的分支）因為看不起年輕的政宗，於是背叛伊達氏，投靠蘆名家。十九歲的政宗，實力受到了挑戰。

伊達軍雖然立刻出兵攻打小手森城（現在的福島縣二本松市），但二本松城主畠山義繼卻帶著大軍從後方偷襲。

被大內的城兵和援軍畠山氏夾攻，政宗被逼得走投無路。

就在這個時候。

「殿下，現在正是關鍵時刻。是勝是死，只能二擇一」小十郎如此說道。

於是，小十郎將軍隊分成三路，二軍一前一後，剩下的一軍當作游擊隊使用，將敵方打得潰不成軍。

最後終於攻下小手森城，政宗下令斬殺城內八百餘人，不分男女老幼，無一倖免（關於人數有眾多說法）。就算是一點點的仁慈都有可能被視作軟弱，進而讓原本同一陣營的人化友為敵。當時正處於不知道何時會被家臣、同族或是同一陣營的人背叛的亂世。觸怒政宗的大內定綱很乾脆地放棄小濱城，從二本松逃往會津，投奔蘆名氏。

接下來，被政宗瞄準的二本松城畠山義繼，拼命拜託歸隱的輝宗，才總算與伊達氏議和。然而，在敦睦的宴席上，義繼陰錯陽差地綁架了輝宗，準備逃離。這時，外出的政宗和小十郎剛好回來。

政宗一方面追趕義繼，但又因為顧忌父親被當作人質而遲遲不敢出手。

「不要管我，快發動攻擊」。

輝宗下達如此命令，而政宗也服從了父親的命令。

義繼自知大勢已去，殺了輝宗之後，再用刀子刺向胸口自盡。小十郎激勵因此意志消沉的政宗，說道：「亂世還沒有結束」。

小濱城主大內定綱逃亡投靠佐竹義重。以佐竹和蘆名為首的岩城、石川、白河、二階堂、相馬等三萬餘聯軍向伊達氏進軍，準備一口氣滅掉伊達氏。

這時政宗的兵力僅八千。雙方展開了後世人稱「人取橋之戰」的戰役，但敵軍人數是伊達氏的四倍以上。在慘烈的混戰之中，大將政宗被七、八名敵軍包圍，陷入絕境。

就在這個時候。

「片倉，不要膽怯。大將政宗在此」。

有一個男人對著陷入絕境的政宗如此大聲呼喊，吸引敵軍朝向自己前來，這個人正是小十郎。

政宗終於脫離險境，可說是九死一生。

在這次的戰役當中，伊達氏以古觀音堂為大本營，向四方進軍，但伊達軍被擊潰，古觀音寺南方十五里的人取橋攻防戰，成了影響勝敗的關鍵。然而，兵力處於劣勢的伊達家，兵疲馬困，逐漸被趕到了山頂。

正當政宗絕望地覺得明早應該就是最後一戰的夜晚，聯軍卻突然退軍。佐竹義政（推測與佐竹一氏的小野寺義昌為同一人）在陣中被殺，佔上風的聯軍因此對同一陣營的人彼此猜疑，再加上原本就不太願意參戰的白河、石川、岩城，以及蘆名、二階堂等親伊達派也有自己的考量，聯軍因而解散。

逃過一劫的政宗免於敗北。勝敗取決於天，情勢有可能在一瞬間就會逆轉，關鍵在於在此之前能否維持軍中士氣。

政宗的軍師與秀吉鬥智

小十郎身為軍師的才華十分出眾，最擅長持久戰。

天正十七年（一五八九）六月，蘆名領侵攻作戰（摺上原之戰）中，由蘆名一族的叛將猪苗代盛國擔任伊達軍的先鋒，但實際上的進攻則是由第二陣的小十郎負責。戰役因為強風突襲而令伊達軍落入下風，但小十郎持續抵擋敵軍等待風勢轉移，他的活躍表現終於讓伊達軍逆轉情勢，獲得勝利。

加上淹死在日橋川的一千八百餘人，伊達軍總共斬殺了三千五百餘人，敵方主將蘆名義弘從黑川城逃往白河。

逐漸平定奧州、氣勢如虹的「獨眼龍」身邊，隨時可以看到小十郎的身影。

然而，正當奧州的戰事打得不可開交的時候，在京都方面，擔任關白的秀吉獲天皇賜姓「豐臣」，逐步建立「天下」。天正十八年，秀吉帶著西國的軍隊二十萬人，開始進攻小田原北條。已經平定四國和九州的德川家康也對秀吉行臣下之禮。

這時，人在會津黑川城（之後的會津若松城）的政宗，聚集老臣們召開了作戰會議，討論之後到底應該前往小田原參戰，又或是應該按兵不動。

政宗的內心可說是進退兩難。如果年初時政宗入京（上洛），就算參戰小田原，也不會危及伊達家的存亡，但為時已晚。

現在就算參戰小田原，恐怕也不會獲得諒解。另外，從蘆名氏手中奪取的土地也勢必要歸還。話雖如此，就算抗戰，如果失敗了，則伊達家就會滅亡。

以伊達成實為首的老臣們都主張「秀吉算什麼東西」，展現了願意交戰的氣概。

天正十五年時，秀吉針對關東與陸奧、出羽的大名和豪族們頒布了「關東奧兩國惣無事令」（禁止私戰令）。秀吉發文譴責攻打蘆名的政宗，而政宗也派遣使者向秀吉表達身為奧州探題的主張。在還沒有得出一個定論之前，這件事情就因為戰事而暫緩。

這一天，正確來說是五月四日晚上，政宗表情沉重，前往位於城內三之曲輪的片倉宅邸，詢問白天召開作戰會議時不發一言的小十郎，他真正的想法如何。

結果小十郎一邊用扇子驅趕四周飛舞的蒼蠅，一邊說道：

「殿下，其實就是這麼一回事。是的，扇子和蒼蠅。」

小十郎繼續解釋。

如果將伊達家當作是扇子，那麼蒼蠅就是天下的大軍。天下的大軍與從四面八方飛來的蒼蠅一樣，無論怎麼追、怎麼殺也殺不完。相反地，如果將秀吉當作扇子，殿下為蒼蠅又如何？只要在扇子舉起的那一刻迅速逃離即可。政宗聽懂小十郎想說的話，苦笑了一聲。當時的政宗二十四歲，小十郎三十四歲（秀吉五十四歲）。

在秀吉的勸降之下，山中城終於在三月二十九日被攻下，而政宗也是在這前後，下定決心參戰小田原，但直到五月九日才終於從會津出兵。從會津經過越後，再繞過信濃、甲斐，因此，到達小田原時已經是六月五日了。

在這段時間內，政宗想必對前田利家和德川家康下了很多功夫。

最後，在秀吉的命令之下，政宗被扣留在底倉（現在的神奈川縣足柄下郡箱根町底倉），他透過利家表示：

「難得的機會，希望能向千利休殿下習茶」。

此舉讓秀吉大吃一驚。同時，他還上演一齣剃鬍、用繩子將頭髮綁成一束、穿上白麻的陣羽織[4]壽衣的戲碼。

深謀遠慮的主從

同月九日，秀吉在石垣山的陣營接見了政宗。政宗帶著必死的決心，臉上沒有露出任何畏懼的神情。秀吉十分欣賞這個不按牌理出牌、展現「伊達家氣概」的男子，雖然沒收了政宗所奪的蘆名氏舊領地，但維持伊達家原有的領地，政宗也平安無事地回國。

同年十月，秀吉另外給了小十郎田村領五萬石。小十郎一度受領，之後又加以歸還。秀吉看透小十郎是政宗的心腹，為了分裂伊達家，於是使出此計，但小十郎並沒有上當。

秀吉在討伐小田原之後，又進行了「奧羽仕置[5]」。新入主會津的蒲生氏鄉和與政宗屬於伯甥關係的最上義光，沒收了違逆秀吉的大崎義隆、葛西晴信等人的領地，而這時的政宗卻在計畫一揆，準備討回被秀吉沒收的舊領地。

然而，寫有煽動一揆證據的書信，卻不巧落入秀吉的手中。

秀吉命令：「進京來見」。

政宗再度穿上壽衣，同時還準備了約三十匹馬，在最前面立了一根用金箔包著的柱子。意思就是「把我綁子柱子上處刑吧」。然而這次的戲碼並沒有像上次一樣奏效。無論如何，政宗親署的書信被秀吉沒收，證據確鑿。

這種情況原本是不可能開罪的。然而，但政宗卻堅持這不是自己的屬名「鶺鴒」（尾長，會上下擺動尾巴的鳥類，棲息於水邊）。

「我都會用針在鶺鴒的眼睛上刺洞，但這書信上的鶺鴒，眼睛部位並沒有洞。」

政宗的辯解出乎秀吉的意料之外，於是立刻調出至今為止政宗送來的所有書信調查，結果，每一封的鶺鴒，眼睛部位都有用針穿過的痕跡。

這是政宗在考慮到煽動一揆一事敗露時該如何應對，於是刻意不在密函上的鶺鴒眼部開洞。這一層的深謀遠慮，背後似乎也有小十郎的身影。

經過關原之戰，慶長七年（一六〇二），小十郎成為伊達家領地中的刈田郡白石城主（一萬三千石），繼續發揮「名家老」的才華，於元和元年（一六一五）十月，五十九歲時辭世。

另一方面，政宗直到寬永十三年（一六三六）才辭世，享年七十歲。

1 領主。
2 「守護」是令制國的軍事指揮官，而「奥州探題」則是代替守護掌管陸奥國的官職。
3 雜役。
4 穿在鎧甲之上的無袖和服。
5 秀吉在小田原之戰中趁機要求陸奥、出羽兩國大名和豪族參戰，藉此重新決定東北領土的歸屬。

用武士精神經營新興的藩

——紀州藩，安藤帶刀

奉公無私心

德川家康的十子德川賴宣於慶長十四年（一六〇九）十二月獲封駿府城，財產從原本的水戶二十五萬石變成了駿河、遠江、三河中的五十萬石。這時的賴宣八歲。

賴宣既是德川家康的血脈，又擁有五十萬石的生產力，很難保證將來不會有奪取天下的野心。順道一提，長子繼承制是在德川家康的孫子，也就是三代將軍德川家光的時候確立的制度，在此之前的戰國亂世，不見得都是由長子繼承家業。

亂世中，比起出生的順序，實力、氣度才是最重要的，由最優秀的人繼承家業。

賴宣生於慶長七年，德川家康非常擔心這個老來才生下的兒子的將來。

如果有一天賴宣企圖奪取天下該怎麼辦？又或是說該如何防範他萌生叛意呢？德川家康思考再三。家康於慶長十五年從優秀家臣的「中央官僚」中，選出了**安藤帶刀**和**水野重央**二人，擔任賴宣的傅役（監護人，負責照顧、養育）。

當中又以帶刀為主。為什麼會選擇帶刀呢？當然是因為他是一個非常優秀的人物。

天文二十三年（一五五四）出生的帶刀，家中世代追隨三河的松平（之後的德川）家。幼名千福丸，通稱彥四郎，之後改名為彥兵衛，諱直次。帶刀是他官拜從五位下時的官名，之後成為了他的通稱。

帶刀從幼少時開始便是德川家康的近侍，擔任馬迴（親衛隊）的將校時立下無數功績，率領軍隊參與了元龜元年（一五七〇）的姉川之戰、天正三年（一五七五）的長篠、設樂原之戰，同十二年又參加了小牧、長久手之戰，表現優異。在慶長五年（一六〇〇）的關原之戰中，帶刀擔任家康的御史番，也就是擁有指揮權的將校，負責聯絡。這時的帶刀四十七歲。

之後，帶刀與本多正純、成瀨正成一起，跟著「大御所」德川家康參與國政，成為足以交付一國政治的人物，獲得自己與他人的肯定。

這樣的人擔任賴宣的傅役——以現在的話來說也就是，將母公司重要幹部派到剛成立的子公司，在交付代表權的同時，也成為子公司的人。對於帶刀而言，這是一張無法回頭的單程車票。

「對於帶刀，無可挑剔。才智、武勇兼備，沒有什麼值得挑剔。」（岡野繁實著《名將言行錄》）

帶刀就是一個可以讓家康說出這樣的話的武士。帶刀自己也曾說過：

「一生奉公，絕無私心」。

他就是實踐這樣信念的一號人物。

就算如此，德川家康到底為什麼會選擇帶刀呢？從這裡可以看出一點線索。關原之戰後，家康的近侍一律加封一萬石。然而，唯有帶刀，因為家康的誤會而只得到橫須賀的五千石。從以前的源平合戰開始，「一所懸命」[1]便是武士的精神。土地的石高相當於對自己的評價，當中若出錯，任誰都會生氣，任誰都會立刻抗議。然而，帶刀卻一聲不吭，接受了五千石的封賞。

幾年後，德川家康終於發現自己弄錯了，急忙將遠州掛川的二萬石賜給帶刀，又給了他這些年來應有的米糧以示歉意。從這裡可以看出帶刀對自己很有信心，又或者是說家康非常喜歡帶刀的這種個性。

元和五年（一六一九），賴宣接受幕府的命令，從駿河等地的五十萬石，改封紀州五十五萬五千石。石高雖然增加，但領地卻遠離了江戶。

這時，二代將軍德川秀忠擔心賴宣不願意離開江戶前往遙遠的紀州，於是拜託帶刀從中協調。帶刀多方勸說，終於安撫賴宣進入紀伊，但當接近和歌山城下的山間部時，賴宣突然間又不高興了。

「竟然被迫來到這麼偏遠的邊境……」賴宣嘆了口氣。

面對發怒的主上，帶刀說道：

「德川家一旦發生變故，沒有比紀州更重要的土地了。這個險要的山道正是保獲德川家的重要屏障。」

帶刀說服賴宣，讓他認識到了這個險要的山道正是德川家的要塞。

隨著時代變遷的「武士道」

其實除了將軍德川秀忠之外，帶刀還收到了老中土井利勝的密令。利勝放低聲量，對著即將遠赴紀州的帶刀說出自己的懇求。

「賴宣還很年輕。因此，很難說他沒有背叛德川本家的企圖心。希望貴公可以寫一個起請文，約定如果真的有這麼一天，必會迅速稟報公儀（幕府）」。

聽完之後，帶刀非常有男子氣概地說道：

「謹承上意。然而，我與賴宣一旦成為君臣，就算他有作亂的野心，我也無法說出主人的意圖。因此，我無法答應在起請文中寫下誓約。如果他有謀反的企圖，我必會犯言直諫，但如果他仍舊堅持己見，我也就不會再多說，唯有做好陣亡的準備」。

家康從利勝的覆命中得知帶刀的忠義，留著眼淚心存感激，說道：「果然沒有看錯人」。帶刀的這種精神，正是經過戰國之世而逐漸成形的武士道精神。

武士道主張，對於主人（主上），無論善惡，以死奉公的精神是最高境界的臣下之道。

看看德川家康的同盟者織田信長，他手下的明智光秀和其重臣們（齊藤利三、明智秀滿、明智秀忠、藤田傳五）便可知道。

明智光秀擔任織田家畿內方面的軍司令官獲得重用，又被賜予近江、滋賀郡，成為了坂本城主，官拜日向守，征戰各地。之後又當上山陰方面的軍司令官，且增加了丹波、丹後二國的領地，但他卻發動了本能寺之變。他的重臣們面對這樣的明智光秀，沒有一人不向他諫言。

然而，當他們知道光秀並沒有中止叛變的意圖時，所有人不再諫言，賭上性命，幫助光秀殺了信長。

以死效忠主上的武士道，不分敵我，受到當時武將們的尊敬。也正因為如此，稱得上是光秀左右手的齊藤利三，他的女兒阿福才會成為三代將軍德川家光的乳娘（春日局），擔任掌管大奧的重責大任。在當時那個年代，站在部下的立場而言，對直屬主上盡忠，就算因此必須對抗主上的主人也被認為是忠義之士。

被調到紀州的帶刀，其領地為田邊的三萬八千八百石，而水野重央則領有新宮的三萬五千石。

德川賴宣以維護德川家的體面為由，積極招募牢人[2]（浪人），另外還有一些幕府送來的家臣。紀州藩可說是一個新興企業，正在招募員工。

帶刀將自己的領地田邊交給同族的家老安藤小兵衛管埋，常駐於和歌山，專心輔佐賴宣。他同時扮演賴宣父親和傅役的角色，等到賴宣長大成人後又擔任輔佐的重任。

放眼藩政，首先必須要做的就是健全藩的財政。帶刀實施獎勵種梅的措施，提出免除稅金等優惠政策，推行栽種梅子。

之後，梅子成為了紀州的特產，直到今日。南高梅的梅子乾堪稱絕品美味。

順道一提，帶刀感動家康的武士道，在德川初期出現了改良的必要。

幕府的為政者發現，像帶刀這種想法無法根斷戰國亂世「下剋上」的思潮。如果主上＝大名懷有二心，準備謀逆天下＝幕府，而大名的家臣追隨大名舉兵，那可就是一件麻煩的事。

話雖如此，但如果言明殺了作惡多端的主上才是正義，那這又是另一種下剋上的革命思想。

對於德川幕府而言，希望創造出一種制度，讓謀逆之事根本不會發生。

那麼到底該如何是好呢？挑戰這一項難題，並順利想出解決之道的人是保科正之。

保科正之是德川二代將軍秀忠的第三子，曾為信州高遠城主（三萬石）保科正光的養子，之後與異母兄長的三代將軍德川家光相認，於寬永十三年（一六三六）受到大封，領有山形二十萬石的土地。當時的正之二十六歲。

七年後，正之轉封會津若松，拜領二十三萬石土地，另外還掌管南會津五萬石的天領[3]，成為了實領二十八萬石的太守，三十三歲的親藩大名[4]之首，就此誕生。

這個石高的分配，同時考慮到了御三家。從德川家康的十一子德川賴房開始的水戶德川家領有二十八萬石，可以看出幕府煞費苦心，不讓正之超過這個數字。

保科正之流的武士道

就算如此，德川家光依舊非常信任正之，慶安四年(一六五一)，家光死後將幕政交給了家綱(四代將軍)，由正之輔佐。直到寬文十二年(一六七二)正之六十二歲去世為止，正之輔佐德川家從創業期的武斷政治轉向適合守成期的文治政治，為之後二百年的太平確定了方向。

這些都可以歸功於實際推動新武士道「寬文之治」的正之，他對於守成時期的德川幕府所應有的統治理念是一切的基礎。

他的統治理念到底為何呢？

他再次強調「君君、臣臣」＝武士道是不可動搖的基礎。正之在這個前提之下，確立了太平盛世應有的為臣之道。

擔任京都所司代的板倉周防守重宗在幕府內擁有絕大的權力，席次也在老中之上，對於維持太平恆久之世他曾經提倡：

「如果主上對大公儀(幕府)懷有二心，家老應該立刻殺了主上」。

這種論調與強迫安藤帶刀寫起請文的土井利勝相同。

就在這個時候。正之提出的武士道讓人眼睛為之一亮。他如此說道：

「就算是主人的命令，身為人臣，也絕不可取下主人的頭顱。直到我們的子子孫孫，直到天道的盡頭為止，就算有不臣之心，以家老為首的家中諸士，一定要遵守此訓（上述家訓），團結一心，單獨一人便不會存有逆心。人臣之大義，就該如此」。

正之的意思也就是說，就算主上懷有二心，計畫謀逆，如果沒有家臣追隨，則主上一個人也成不了事。如果主上聽不進諫言，那麼什麼事都不做即可。無作為可以讓主上打消二心和無道。

正之也曾經如此評價深獲家康信任的安藤帶刀：

「直次（帶刀）所言，雖為忠臣，戰死馬前的請求卻有違情理，甚是可惜。」

那麼，到底該怎麼做呢？正之流的武士道如下。

「不斷地諫言，如果依舊不被採納，就算在御前切腹自盡，也絕對不加入不義之軍，這樣的回答才是道理分明。當然也會有批評。這是因為學問不足而誤解了情理，甚是可惜。」

正之的武士道並沒有動搖「以死效忠」的本質。但盡忠的方式與死法，和至今為止的武士道有所不同。

關於主上的謀反之心，一定要再三諫言阻止，就算主上聽不進去，錯的事終究是錯的，仍要繼續進諫，直到最後都不能贊同主上的逆心。「超越善惡、不論是非，以死效忠道義」，正之改變了至今為止的這種武士道，無論如何都不參與不符合道義的謀反，臣下就算獻上生命，也要阻止主上謀反。

無論是多麼有才華的主上，如果每一個家臣都不參與謀反，那麼他一個人什麼也做不成。

原來如此，正之的這種想法於寬永年間（一六二四～一六四四）逐漸成形。

這個時代，大名家的各種動亂不斷，而牢人的急增也造成了社會不安，爆發了天草島原之亂。雖說幕府體制逐漸強化，但情勢依舊混亂。

正因為是這樣的時代背景，逐漸成形的**新武士道＝寬永武士道**，受到諸多為政者的歡迎。換作今日，可說是對於經營者無聲的抵抗或罷工。

1 為一處（所）的領地賭上性命，以此為生。
2 失去或離開主家的流浪武士。
3 江戶幕府的直轄領。
4 與德川家有血緣關係的藩領。

曾任二大雄藩重臣的反骨之士

——加賀藩，本多政重

反骨前例

幕藩體制時代初期，有一位同時擔任兩個雄藩[1]家臣之首＝筆頭家老的人物，這個人就是**本多政重**。以現代的話來說，也就是同時擔任集團公司內多個公司的第一執行董事。

根據《本多家譜》記載，政重出生於天正八年（一五八〇），是德川家康的謀臣**本多正信**的次子。兄長**本多正純**是德川家康的親信，雖然曾經權傾朝野，但卻因宇都宮的釣天井事件[2]而失勢。

政重與他那個曾經背叛德川家康，之後又回歸的父親本多正信十分相似。

政重在十二歲時成為了德川家臣倉橋長右衛門的養子，名為長五郎，曾經追隨德川家康。但在慶長二年（一五九七），由於在打鬥中誤傷了德川秀忠乳娘之子岡部莊八，因此逃出了德川家。

當時正處於戰國亂世，政重前往戰場求職，自稱「正木左兵衛」，受到大谷刑部吉繼的重用，在他的推薦之下，政重進入五大老之一的宇喜多秀家任職，拜領二萬石。

也就是說，在關原之戰時，政重站在的是德川家康的敵對方。而且由於他出色的表現，與有名將之稱的明石掃部全登，同為宇喜多軍的先鋒。

戰後，政重藏身近江堅田，接受福島正則的徵召，領取三萬石的俸祿。然而，這時才是他人生轉折的開始。慶長七年，他接受前田利長（利家的嫡子）的三萬石，成為了前田家的家老。這時，上杉景勝和直江兼續主從，由於非常欣賞政重，因此希望可以和他見上一面。

——這時的上杉家正處於危急存亡之秋。

慶長五年的關原之戰中加入西軍的會津上杉家成為了敗戰之軍。

上杉家老之一的本庄繁長前往與德川家交涉，翌慶長六年七月一日，相當於宰相的直江兼續隨著主上上杉景勝前往若松城，同年二十四日抵達了伏見的上杉府邸。

上杉景勝和直江兼續主從二人的到來，讓德川家康和那些加入東軍與之交手的諸侯們都大吃一驚。二人登上大坂城後首先向主上秀賴請安，之後又赴了德川家康的邀約。

「真不愧是上杉殿下，氣度就是不同凡響」。

曾與他為敵在戰場上交手的諸侯當中，也有許多人支持上杉家。

——戰後的交涉就此展開。

上杉家絕不向德川家獻媚，也不低聲下氣。直江兼續僅僅闡述了武門的道理。

直江兼續說道，聽到許多人報告五大老之首的德川家康來犯，上杉家絕不能坐以待斃，因此正大光明地加以反擊，上杉家所做的僅是如此，絕無他意。

原來如此，上杉家的行動並非背信，也無欺瞞，只是武運不佳，面對德川家這個強大的敵手，完全沒有反擊的能力，非常遺憾。但上杉家所做的也不過是正面迎戰對手的挑釁罷了。直江兼續強調，上杉軍沒有追擊敵手便是最好的佐證。

八月十六日，德川家康做出了決斷。暫時收回上杉家一百二十萬石的土地，其中會津、仙道、庄內、佐渡等九十萬石的土地沒收，只歸還置賜、伊達、信夫三郡的米澤三十萬石土地（原本是兼續的領地）。

景勝和兼續主從接受了這樣的判決。此時上杉家的石高只剩下了原本的四分之一。

上杉家中聽到的多半是「竟然只剩下四分之一」這種憤慨、氣餒的聲音。

「沒有被調到偏遠的地方已經很好了」。

兼續安撫那些擁有不平和不滿情緒的家臣們，盡力防止上杉家臣們因為移封而分崩離析。上杉家之所以可以苟延殘喘，靠得全是忠義的家臣們團結一致。如果沒有這些家臣，根本不會有上杉家這個武士門第的存在。

隨著上杉家的減封，有不少大名都捧著高俸祿前來挖角上杉家的名將豪傑。為了預防人才外流，除了盡量維持原本的俸祿之外別無他法。深知這一點的兼續減去自己至今為止俸祿，只留下三分之一，此舉讓上杉家的所有人都心懷感激。

主家已經被減到剩下四分之一，兼續無論如何都要想辦法彌補差額。

從會津一百二十萬石、自領三十萬石的時候開始兼續就削減自己的俸祿，實際上只領取六萬石。由於豐臣秀吉特別交代「封給直江三十萬石」，因此表面上的俸祿才會是三十萬石。

這次他將俸祿減到五千石，擔任三十萬石的首席家老。

他首先動用了前代上杉謙信所留下的巨額軍用資金。

同時，他獎勵開墾，徹底實踐節約，推廣種植漆、青苧、桑、紅花等容易賣錢的植物。這些措施很快就看到成果。於寬永十五年（一六三八）實施的總檢地[3]顯示，三十萬石的米澤藩，實際上的生產量高達五十一萬七千餘。

也就是說，兼續對於重建所付出的努力，讓上杉家實際上只減少了一半的收入。

一百二十萬石的家臣，恐怕是相當於五千家族的大移動，從慶長六年八月二十日兼續公布移居計畫後，一直到完成的九月二十一日為止，中間沒有出現任何的問題。

除了佩服還是佩服。

從兼續的養子到前田家的首席家老

正因為沒有正面交鋒，因此德川家對於上杉家仍存有恐懼與擔憂。

如果那個時候上杉家出兵追擊，關原之戰也許不會在一日之內就宣告結束。也因此德川家有不少人都對上杉家心存疑慮。他們都希望，如果可能的話，找一個藉口除掉自上杉謙信以來的名門。

對付這些明槍暗箭正是兼續的工作。

在兼續移居米澤之前，他注意到了一個曾受上杉家照顧的人，那個人就是本多佐渡守正信。不用說也知道，本多正信是德川家康親信中的親信，也是他的謀臣。上杉家在正信的指示之下，修繕德川家位於伏見的府邸。

這時的兼續似乎已經決定捨棄自己繼承的姓氏「直江」。

他下定決心，認正信的次子政重為養子，將女兒阿松嫁給他，讓政重繼承名門「直江」的姓氏。

原來如此，只要讓與德川家中樞有連結的人在藩中居上位，那麼就可以防範所有可能的嫌疑。而且，如果家中發生動亂，也可以內部處置，可說是一把雙刃劍。這是一步一般人想不到、大膽無畏的險棋。

至於為什麼會選擇政重呢？政重與父親正信不和，似乎是他中選的主因。戰後，父親正信權傾朝野，大家畏懼他的權力，與其說要除掉正信，更多的諸侯希望的是疏通正信，因此有很多人捧著高俸祿來找政重，一場政重爭奪戰就此展開。

在眾多的出價者之中，據說是政重自己選擇當兼續的養子。

事實上，這時的兼續已經有一個十歲的親身兒子（長子竹松，也就是後來的平八景明），而兼續自己也才四十四歲。一般來說，兼續沒有必要在這個時候認領養子。很明顯地，這段養父子關係是出自戰略性的考量。

另外，根據《本多家譜》記載，兼續的女兒阿松在結婚的時候，成為了景勝的養女。如果阿松與政重之間生了男孩，則他預計將會繼承上杉家（藩主家）。原來如此，在二人準備結婚的慶長九年（一六〇四），當時的景勝尚且後繼無人。好在後來五月時景勝的嗣子王丸（後來的定勝）出生（政重入贅後三個月）。

政重與養父兼續分別計算，景勝給了政重一萬石，並賜字「勝」，遵循兼續前代景綱的例子，稱號「大和守」，即刻加入執政的行列。

這段養父子關係之後對上杉家發揮了很大的作用。慶長十四年六月，針對幕府徵收十萬石的軍役命令，上杉家由於財政困難而得以免除。

然而，阿松不久後就病死了。兼續為了維持政重與上杉家的連結，於是認弟弟大國實賴的女兒為養女，將她嫁給了政重（勝吉）當作第二任妻子（慶長十四年九月）。

另一方面，政重介紹近江膳所的城主戶田氏鐵之女給兼續的親生兒子平八景明當作妻子。這對養父子，無論在人格或性格上都十分契合，雙方看似圓滿，但二年後，政重卻離開直江家，回到了江戶。

筆者認為，這是因為德川幕府對於上杉家的疑慮已經逐漸冰釋。

又或者是因為政重的親生父親正信非常滿意並感謝自己那不成才的兒子在兼續的教導之下成為了可以獨當一面的武士。

做為日本的道德與倫理規範，神、儒、佛一體的學問發展出了培育人才的要素，也就是德行教育。

並非儒「教」而是儒「學」，用字的方式也展示出了其獨特性。

「儒者，柔也，濡也」（《說文》）。

儒學是「柔」＝遵循平穩的道路，絕不鼓勵逞勇。就像「濡」，如大雨滋潤大地、綠林閃爍光輝一般，深入人心。

兼續教導政重這樣的德行。

儒學雖然沒有速效性，但效果明顯。

慶長十七年春天，政重再度回到前田家，向二代藩主利常領取三萬石俸祿，把兼續的姪女，也就是他的第二任妻子從米澤接了過來。三年後，俸祿又增加二萬石，身家共五萬石。

在他的父親和兄長還位高權重的時候，政重身為前田家的首席家老，做出了與自己俸祿相當的奉獻。已經隱居越中高岡的前田家第一代藩主前田利長，他由於在地方築了高城，因此受到幕府的譴責，如果交涉不順利，甚至有可能必須交還越中一國。

利長已經做好最壞打算，但政重卻七度往返身在駿河的大御所德川家康處和江戶幕府，極力解釋與陳情。

幕府的怒氣這才終於消了。政重的俸祿也就是在這個時候增加了剛才提到的二萬石。

三代藩主前田利常除了政重之外，同時重用橫山長矩，若是其他的藩，在這種情況之下一般都會發生派系鬥爭，但在前田家卻沒有發生。

據說有一天，政重給長矩看了一封書信，那是江戶的幕閣送來的書信，信中寫到將政重列入十萬石的大名行列中，希望他可以當任幕閣的老中。

長矩看完後大吃一驚，但政重卻當著他的面將書信投入火堆，並說道：

「我是不會離開金澤的」。

政重既是陪臣[4]，同時也擔任從五位下安房守一職，他於正保四年（一六四七）辭去家老的職務，於同年六月三日六十八歲時離世，前田家也因此失去了重心。身為「前田八家」（門閥八家）之首，且擁有最多俸祿，政重與絕後的兄長正純不同，血脈一直延續到明治維新為止。

政重果真是一位「名家老」。

互信的極致

君子曰：「苟信不繼，盟無益也」。

這句話出自《春秋左氏傳》。意指，如果不能維持信義，就算立盟約也沒有用。

關原之戰後，家康對東軍諸將進行封賞，同時也對西軍諸將給予懲罰。他一直在思考一件事情。

「人，為什麼這麼容易就背叛呢？」

受到豐臣家眷顧卻在此次戰役中投靠德川家的那些大名，說不准在下一次的戰役中會不會背叛德川家，很難保證內部不會出現叛徒。

稱得上德川家第三把交椅的石川數正過去在秀吉的利誘下曾經背叛德川家康。為此，德川家過去使用的軍法體制不得不改為武田家的甲州軍法體制。德川家康絕不會忘記這個慘痛的經驗。

這件事正好發生在決定如何處置上杉家的時候。

明明有許多其他的選擇，但知名大將**前田慶次郎**卻選擇了上杉家。其他的大名們都提出了幾萬石的俸祿，而上杉家能夠給予的俸祿不過五百或一千石。但這個男人為什麼捨棄其他大名，偏偏就選了上杉家呢？

被問到理由的慶次郎如此回答：

「關原之戰敗戰後，西軍諸將爭著將人質送到德川家請降，每一個人都卑躬屈膝。唯有上杉中納言(景勝)就算聽聞戰敗也不屈服，繼續抗戰，等到講和後才收兵。只有這個人，才有資格做我的主人。」

德川家康應該透過本多政重的父親正信聽說了慶次郎的這一段話。

另外，上杉家還有一個精通兵略、勇猛無比的武將**水原常陸介親憲**。在會津上杉家時代，他擔任猪苗代的城主，在「奧州版關原之戰」中，數次擊敗伊達政宗率領的大軍，甚至曾經計畫活捉政宗。

在大阪冬之陣當中，親憲擔任侍大將功績卓越。為此他獲得了德川家康賜的感謝狀，但他讀完後便收了起來。

在一旁的本多正信覺得很奇怪，派人詢問，親憲如此回答道：

「我跟著不識公(上杉謙信)攻城打仗，出生入死多年，與之相比，這次的戰役不過是家常便飯。」

也就是說，他認為他並沒有做什麼值得獲得感謝狀的事。之後，親憲改姓「杉原」。

相反地，上杉家的另一個家臣安田上總介順易雖然在大阪冬之陣中也有卓越的表現，但德川家康的感謝狀卻漏了他。本以為身為武士的他會因此而忿忿不平，沒想到他卻非常淡然。

「感謝狀是感謝狀，軍功是軍功。我們賭上性命戰鬥，只為主上(景勝)，並不是為了德川將軍家。家康公的感謝狀無關緊要。」

如何才能讓人有「信」，遠離「利」呢？這麼說來，上杉家前一代藩主上杉謙信手下也有一名智勇雙全的名將**甘糟備後守景繼**。德川家康透過本多父子，對此人也有耳聞。

他是與上杉家的代表性人物本庄越前守繁長並駕齊驅的武將。

會津時代，景繼鎮守白石城，食俸五萬石。在奧州版關原之戰時曾經多次擊敗伊達政宗，但卻為了追擊德川家康而離開白石城，最後導致白石城被政宗攻下。

之後，主上景勝對景繼的評價一落千丈。在攻打政宗的福島城時，無論他的軍功有多麼顯要，卻完全入不了景勝的眼。

德川家康為景繼這個名震天下的武將感到惋惜，透過臣下的畠山下總守義貞，希望用二萬石的俸祿延攬他為德川家效力（參謀本部編《日本戰史——關原之戰》）。為了取得景繼的信任，義貞還帶來了政重的兄長正純的書信。

景繼拜讀完這封信後，打從心裡感謝家康對自己的心意。

「失守白石城是造成主人（景勝）疏遠我的原因，我知道一切都是我的過錯。我不會因為這件事而怨恨主人。」

自己要繼續侍奉謙信和景勝二代。他繼續說道：

「就算遭到疏遠，也不可二節。」

所謂的武士，就算被主人唾棄、疏遠，也不可變節，追隨第二個主人。含著淚的景繼婉拒了德川家的邀請，繼續留在上杉家忍受被冷落的滋味，直到默默離世為止。據說其子無法繼承家俸，流浪到津輕後死去。人與人間的上下關係可說是一門困難的學問。

1 勢力強的藩。
2 這是一發生在一六二二年的政治陰謀。宇都宮藩主本多正純被控在天花板（天井）設置機關，企圖暗殺將軍德川秀忠。本多家後來遭到改易，本多正純也被流放。
3 農田面積和收穫量的調查。
4 家臣的家臣。

非常之才

——熊本藩，細川重賢和其他三位「名家老」

「假養子」重賢

熊本藩第六代藩主**細川重賢**是四代藩主宣紀的第五子，於享保五年（一七二〇）十二月二十六日，生於後來的肥後（現在的熊本縣）。

由於長子、次子、三子全部夭折，而第四子是五代藩主宗孝，因此細川重賢可被視作為次子。

細川重賢與後來成為紀州（現在的和歌山縣全域和三重縣的一部分）九代藩主的德川治貞並稱為世上「二幅的寶物」受人景仰，就連最早成功改革藩政的出羽（現在的秋田縣和山形縣）米澤藩主上杉治憲（號鷹山）都稱重賢為明君，但他卻總是笑著否認，說道：

「哪裡是什麼明君，我有今天全是托十右衛門之福。」

向下深究，假若重賢是以傳統的長子繼承方式繼承細川家，說不定不會有之後徹底的藩政改革。

他雖然是兄長宗孝的養子，但等到宗孝自己的兒子出生，他的角色便出現了變化。為了不成為藩主家的累贅，他萌生了去別人家當養子的想法。

對方（大名、旗本、也有熊本藩上級家臣）希望的養子品行端正、性格良好，且對於文與武都有很深的造詣。

從幼時開始，重賢就在負責教育的家臣愛甲十右衛門景甫之下，接受文與武的嚴格指導。他努力習得的文武修養可說是為日後的自己和肥後熊本藩的「名家老」們帶來好運。

不用多說，治世的首要關鍵就是以「信」和「義」為根本。細川家始祖藤孝（幽齋）也是不斷地如此訓誡後代子孫。

然而，在重賢登場之前，細川家其實就已經走向名存實亡。藩內的財政赤字怠惰了藩士的心，失去了藩內外富商和豪農們的信用。

藩主・細川重賢

在這樣的背景之下，延享四年（一七四七），宗孝因為誤殺事件而身亡，重賢意外繼承了細川家，翌年夏天，他第一次以藩主的身分進入藩地。

然而，城門前列隊迎接的重臣們，非常藐視他這個突然間當上藩主的「假養子」，嫉妒的情緒表現在了他們的態度上。

重賢不允許他們的氣焰繼續囂張，於是在同年十二月起草了五條訓諭書，向重臣們傳達了藩主的意志。然而，藩內卻沒有什麼反應。

「這樣下去無法改變現狀……。」

重賢一開始就遭遇了瓶頸。

就在這個時候，一直扮演藏元[1]的角色、想盡辦法支持細川家財政的大坂第一富商鴻池家突然間提出了要請辭藏元一職。沒有藏元則無法將米換成現金，也就意味著肥後熊本藩五十四萬石的氣數已盡。

「不能再猶豫不決了。」

重賢從谷底反彈，採取了行動。這是發生在寶曆元年（一七五一）的事。

藩政改革的主軸便是要恢復信用。以歷史學的方式來說，也就是確立對家中和領民的支配倫理。重賢採取了文教政策和刑法革新。他認為只有兩者並行，才有可能重建財政。

然而，藩中找不到可以全權委託，將這些難事付諸實行的人才。

「沒想到掌管了一大國，卻完全看不到長治久安之道。我沒有堅強的毅力，如果又生病了，那麼政事更是難上加難。」

重賢難得說出喪氣的話。

有一個人在聽完重賢說的話後感到非常心痛。這個人就是他的親信**竹原勘十郎玄路**。

「殿下怎麼會有這樣的想法。就算殿下沒有堅強的毅力，就算生病，但不需要您自己動手，只要選定人才，將事情委託給這個人，沒有什麼事辦不成。但你卻……。這讓我們過去的追隨都變得沒有意義，殿下不覺得太卑鄙了嗎？」

竹原流下了淚。竹原諱惟親，遠祖是阿蘇氏的分支，從市藏惟成那一代開始追隨細川家第一代的細川藤孝，代代皆精通歌道、書道、禮法、弓馬術，以及使用菜刀的技法，俸祿二百石。竹原勘十郎是六代後的子孫。

竹原與重賢同年，根據記載，他是一個對自己充滿自信，不受束縛的一個人。然而，身為用人[2]，就算是一封書信他也十分謹慎，表現出深思熟慮的一面。

重用非常之才

——將話題回到重賢的抱怨上。

竹原流了一陣子淚之後微微抬頭看著重賢。

「如果是這個人的話，必定始終不變，能夠走向成功。」

他於是推舉了**堀平太左衛門**。

這個人與竹原非常親密，不難推測出他的性取向，是一個毀譽參半的人物。重賢也知道這些事，但這時候正是重用人才的重要分歧點。

在組織一帆風順的時候，必須啟用重視「和」，且能精準處理每一件事的人才。然而，當組織身陷萬丈深淵的時候卻不是如此，需要的是快速的治療。比如說，一條船如果破了個大洞逐漸下沉，那麼首先必須除去船內的水，防止水再度流入船內，進而救出船上的人。非常時期所需的人才無法用一般的尺度來衡量。

中國宋代文人謝枋得編纂的《文章軌範》中寫道：「有非常之人，然後有非常之事；有非常之事，然後有非常之功。」有非凡之人，才能夠想出常人所想不出的事，有了這些非常之事，才能夠立下非常的功績。

也就是說，重點在於是否能夠任用「非常之才」。關於重用人才，重賢曾經這麼說過：

「如果我依照我的喜好任用人才，那麼天下間沒有我所希望的人才。與世俗不同，看起來凡庸的人卻可能是天才，因此無法用世俗的眼光判斷。我對天發誓，絕不捨棄真正善良的人。」

寶曆二年(一七五二)，堀平太左衛門被拔擢為「大奉行」，所有的藩政都交到了他的手上。當時的重賢三十三歲，堀平太左衛門三十七歲。

「氣勢驚人，深謀遠慮，有才又有膽，是具備各種才能的全才之輩。」

獲得如此好評的堀平太左衛門又被提拔為藩政改革的總指揮。就算他是一個「全才」之人，但也不可能掌握所有的實務。因此他必須要找到自己的左右手。

這裡又出現了另一個「非常之才」。

「為了些莫須有的事，差點送走這個男人，損失慘重。」

就連明君重賢都差一點要捨棄這一個人，可以看出這個人是多麼地讓人摸不著頭緒，這個人的名字就叫做**蒲池喜左衛門正定**。

「性格遲鈍，呆若木雞。」

從這段紀錄中可以看出蒲池是一個很不一樣的人物。

然而，少根筋的蒲池有時候卻又突然開竅。

性格不夠活潑，看起來像是連犬牽（帶狗散步）或打掃工作都做不好。就算是這樣，重賢依舊將他放在身邊，忍耐三年，但他終於受不了了。

幾年後的某一天，重賢卻打從心裡發現，對於蒲池，自己多麼地沒有識人之才。

一天，重賢外出到別邸成趣園，回府的時候遇到了小雨。他於是差人先行前往田際門通報，準備通過田際門回府。這個門平常沒有在用，但它是這次離歸途最近的門。

這時，擔任田際門守衛的人正是蒲池。對於來人的要求，蒲池回道：

「循往例從櫸門進入。」

拒絕開門。

之後，全身淋濕的重賢也來到了田際門前，但蒲池依舊拒絕放行。而且提高了音量說道：

「殿下的身體不是紙做的，就算被雨淋濕也無礙。為什麼為了這麼一點小事，就要輕易更改往例呢？居上位者，反覆無常並非好事。喜左衛門發誓絕不開門。」

記載上並沒有紀錄重賢聽到這話當時的心情與想法。

重賢是明君，他的寬宏大量一直被人們所強調，但想必這個時候的他應該也是怒氣衝天。然而，之後的發展便和一般的凡夫俗子不同。當天晚上重賢平靜下來，他反覆對自己說道：

「好險啊，好險啊。」

這才是最重要的。在「公」的面前絕對不可以有「私」。放下個人的怒氣，蒲池對於藩來說，是一個難得的人才。重賢非常高興，寶曆四年十一月，拔擢蒲池成為堀平太左衛門下的奉行。

蒲池身為奉行的表現如何呢？《肥後物語》的記載如下。

擔任奉行職之後，處理日常政事時若遇難題，則不當場下決定。回去後下盡功夫，仔細思考。翌日必定提出奇計良策，讓執政和下面的官員們不得不信服。六位右奉行中的聲譽最高，是諸大夫忌憚的人物。

改變民心，重建財政

蒲池擔任奉行一職長達二十四年，盡力輔佐堀平太左衛門。在寶曆大改革的時候，更是日以繼夜地處理難題。就算躺在床上也無法安眠。

回頭看過去的歷史，比起太平盛世，動亂的時代更是人才輩出。面臨危機，當用過去的價值觀已經無法解決問題的時候，真正有實力的人才會受到重視。

受到重賢拔擢的堀平太左衛門為了推動行政機構的改革，同時肅正官紀，於是進一步重用人才。有了新的人才，藩的面貌也逐漸改變。

重賢在重整推行藩政改革機構、恢復秩序、整頓風紀之後，接下來他又配合地方行政的腳步，為了確保更穩定的收入，獎勵生產藩內特產品。

肥後熊本從初代藩主細川忠利入封開始便栽種櫨樹，重賢於寬延二年（一七四九）在城內新設了櫨方役所。將買賣交給了一部分的特權商人。

最終，藩內櫨樹的年產量高達五百萬斤（三千噸），成為了商品作物的基幹產業。

剩下的未解決難題便是如何讓藩政基礎的領內稅收更穩定，為此檢討計算年貢的方式，從實際收穫量的「檢見法」，改成固定稅則的「定免制」。然而，重賢考慮到連續的天候不順，再加上擔心人心叛離，因此在重賢的有生之年都沒有推行。

到了享和三年（一八〇三），這套制度才真正實施，由稱得上是堀平太左衛門後繼者的島田嘉津次推動。歷史上，到了這裡才算是寶曆改革的結束。

重賢於江戶參勤中的天明五年（一七八五）秋天，病倒在江戶藩邸，十月二十六日去世。享年六十六歲。

甩開於被財政危機壓得喘不過氣來的幕府與其他諸藩，改革才剛剛上軌道，但重賢總算是有幸看到自己推動的成果，結束了雖然辛苦但充實且有意義的一生。

回到重賢去世前三年的天明二年。這一年，全國性的饑荒也波及到了肥後，稅收比預期的少了許多。為了填補損失，準備再度實施過去曾經實行過的家臣俸祿減額政策。然而，請重賢作出最後決策的時候，他卻沒有答應。

饑荒愈來愈嚴重，領民正在受苦。藩士們感謝主上的恩情，主動以「冥加金[3]」的名目獻出自己的食祿。

但重賢依舊不答應。藩士們商量之後，各自用家祿的米穀煮成飯，分給災民。在其他各國不斷有人餓死，盜匪猖獗的情況之下，肥後許多領民的生命卻因此得救，也才能重新耕種荒田。

浮動不安的肥後熊本人心成功地得到緩和，重賢默默地將藩士和領民的手牽在了一起。

1 買賣糧倉內米糧或其他特產品的商人。
2 負責將主公的指示傳達給家中的人。
3 使用山野河海的租稅。

第二章

重建財政的秘計

用強權成功推動藩政改革的大將
——土佐藩，野中兼山

艱難辛苦的前半生

土佐的戰國大名長宗我部元親，其後繼者，也就是第二代的長宗我部盛親在關原之戰的時候加入西軍，戰後領地遭到沒收。之後，他雖然在大坂之陣時加入大坂軍，但戰後遭到俘虜，最後在京都六條河原被斬首，長宗我部氏直系就此絕後。這是發生在慶長二十年（一六一五）五月十五日的事。

取代長宗我部氏入封土佐一國（二十萬石）的是遠州掛川（現在的靜岡縣掛川市）的城主**山內一豐**。慶長五年，山內一豐受到拔擢，成為土佐一國之主的第一代藩主。他認為，原本是長宗我部家臣的一領具足（擁有二、三甲以上土地的武士）中，有人不接受自己的融合政策，以在桂濱舉辦的相撲大會為藉口，拘捕了反抗分子七十三人，處以磔刑，其他有嫌疑的人也一率遭到逮捕處刑。

這樣強硬的手段讓二者之後的對立更加嚴重，但與此同時，山內家有效地將長宗我部家有能力的舊臣放進了地方行政體系的末端，開啟了重用人才的道路。到了二代藩主**山內忠義**（一豐之弟康豐的長子）的時候，藩內不滿與反對的勢力大致平息。

二代藩主山內忠義是一個不禁讓人覺得是後世的土佐人運用自己的想像力創造出來的人物。相貌堂堂。身高六尺的壯碩男子，留著翹鬍鬚，長得就是一副英雄豪傑的模樣。

忠義的行事作風也與他的外型相對應。雖然也有不錯的政績，但他更像是為了興趣和遊樂而生的殿下，尤其喜歡飲酒和相撲。豪飲對他說是家常便飯，據說他被邀請到京都二條城參加饗宴的時候，喝醉了的忠義脫下衣服，跨坐在轎子上，來往京都的街道。而且這是發生在夏日白天的事。

在江戶城參加祝宴的時候也同樣喝得爛醉，搖搖晃晃摔了個四腳朝天，還不小心吐了。身邊有一個名叫江田文四郎的隨從，這個人同樣也喝得醉醺醺。

忠義命令文四郎為他清理善後，喝醉的文四郎竟然朝著主上說道：

「從肚子裡出來的東西應該放回肚子裡。」

忠義一邊說著失禮了，一邊用嘴巴舀回吐出來的東西。主人與家臣一個德性。

野中兼山

大口吃肉、大口喝酒是一般人對土佐（高知）人的印象，搞不好這還是拜藩主忠義主僕所賜。

土佐人不論走到哪裡都會來一場相撲，這也是從忠義這一代開始的風俗。

這個藩主會僅僅因為「這個人真會相撲」或是「這個人舞跳得真好」等理由，而不問姓氏，直接任用為藩士。召集而來的全都是只會一種才藝的人。對於鳥類，從老鷹到小鳥，忠義都十分愛惜，尤其是稀奇的鳥，更是愛不釋手。據說在他去世的時候，花大錢收集來的鳥類超過一千二百隻。

這個令人搖頭的藩主忠義卻同時也被認為是一代明君，這全都是拜指揮藩政的執政**野中兼山**所賜。

兼山通稱傳右衛門，諱良繼，他其實有一段非常複雜的幼年時期。

野中家原本是美濃（現在的岐阜縣南部）的土豪，兼山的祖父野中良平追隨山內一豐，娶了一豐的妹妹合姬為妻，生下了兼山的父親山內良明。良平病死後，合姬與良平的弟弟益繼再婚，生下一子直繼。兼山後來繼承了直繼家，但在此之前，兼山的人生可說是多災多難。

父親良明隨著一豐進入土佐，獲封五千石，擔任執政（奉行）的重任。無論是血統或是能力都無所挑剔。

「總有一天會將幡多郡中村（現在的高知縣四萬十市）的二萬九千石賜給他……。」

一豐雖然答應了良明，但卻不幸於慶長十年去世。繼位的忠義明知有這一個約定卻不遵守，還將約定的數字減成一萬一千石。良明為此大怒，憤而離開土佐。

良明的妻子是播磨(現在的兵庫縣南西部)姬路城主池田利隆的家老荒尾但馬的女兒。來到姬路的良明得到藩主池田利隆的賞識，準備封賞他一萬石。然而，考慮到對土佐藩的道義，良明準備前往京都而婉拒這個封賞。夫人追隨他的腳步，接受池田家援助的二百石，與良明一起過著自由自在的生活。

夫人不久後去世，良明又迎娶了出身大坂天滿商家的秋田萬為妻。這是發生在慶長十四年的事，二人於元和元年(一六一五)生下了兼山。

然而，一直以來援助他們的池田利隆於翌元和二年去世，良明也於二年後辭世。兼山和他的母親被迫過著貧苦的生活。

母子二人在上方[1]各地流浪，最後在堺市被土佐藩參政(仕置役[2])小倉少助發現，將二人帶到了土佐。這時的兼山十三歲。

兼山成為旁系(五千七百石)野中直繼的養子，寬永八年(一六三二)兼山十七歲時，與直繼同任奉行一職，參與藩政。

順道一提，根據土佐藩的慣例，奉行是由家老任命，而仕置役則是由中老、大監察(大目付)以下的諸奉行從馬迴[3]世家中挑選。

長達三十二年的藩政改革

兼山承襲父親的思想學習禪學，努力鑽研南學（在土佐非常興盛的日本朱子學其中的一派），最終著手徹底改革土佐藩的藩政。尤其致力於新田開發、土木工程、提拔鄉士[4]、強化村役人[5]制度、振興產業，以及實施藩專賣制。

為了消彌了一領具足的不滿，並維持藩內的治安，兼山將開發的新田以「領知」的名目分給鄉士，待遇等同「士格[6]」，又或是任命為村役人或庄屋[7]，強化對地方的統治。另外，兼山指定茶、漆、油草（燈火用的野草）為藩的專賣品，給予一部分批發商人特權，強化藩營商業。

然而另一方面，這個政策卻打壓了一般的商人，限制了他們的商業活動。

下面將土佐的鄉士略加整理。

讀者當中應該有很多人認為長宗我部家的舊臣下鄉成了鄉士，但不見得所有長宗我部家的舊臣都是鄉士。

由於野中兼山的政策，正保元年（一六四四）錄用了百名鄉士。

這些鄉士主要的任務都是開發香我美郡野市村（現在的香南市香我美町），因此他們被附加了三年內開拓三町步（三十石）以上土地的條件。這一批鄉士是從長宗我部的舊臣當中，嚴格挑選家世、人品優良的武士而來，被後世稱作「百人眾鄉士」的就是這一批人。

然而，在此之前的慶長年間（一五九六～一六一五）也曾對長宗我部氏的舊臣進行懷柔政策，錄用了一批鄉士，而這一批鄉士則被稱作「慶長鄉士」。

這些鄉士到了慶安二年（一六四九）被允許列席初代藩主一豐自長濱在城時代的天正十四年（一五八六）起就一直舉行的山內家年初活動「御馭初式」（每年正月十一日舉行）。這主要是在位於城西北的若宮八幡馬場舉行閱兵式。從中可以看出，鄉士在此被編入藩內，作為預備的兵力。

之後鄉士也繼續投入新田的開發，承慶二年（一六五三）出現了「百人眾並鄉士」。

然而，這時除了長宗我部家的舊臣之外，就算是他國的牢人，只要家世端正，就有機會被錄用。

兼山本著武士的精神思考國土防衛的架構，積極將鄉士列入防衛要員。本著同樣的想法，他將鄉士中擔任低等職務的人稱做「鄉士用人」。

在這裡比較複雜的是那些擔任新田開發卻無法完成目標的鄉士。有些人以貧窮或生病為理由借錢，最終因無法還債而賣掉自己鄉士或「領知」的身分。將鄉士身分賣給別人的人稱作「地下浪人」，而取得身分者則稱作「讓受鄉士」（買受鄉士）。

兼山在輔佐藩主忠義的同時，發揮接近獨裁的領導能力，壟斷藩政。

藩主之位交到第三代的**忠豐**手中時，領民已經對於兼山強硬的獨裁風格感到疲累，在看清這樣的狀況之下，藩主忠豐身邊的親族和重臣，聯手彈劾了兼山。

這時，已經隱居的忠義年過七十且中風，而過去曾經擔任兼山監護人的小倉少助和其子三省也都已經不在人世，對於反對派而言是最好不過的時機了。終於，兼山表明了辭意。

兼山的失勢造就了坂本龍馬的誕生

野中兼山長達三十二年的執政終於結束，藩主忠豐開始親政。

兼山在隱居三個月後的寬文三年（一六六三）十二月十五日因病去世。另外也有人說他是自殺或被暗殺，可見他一直到最後都是一個令人敬畏的人物。

在他死前四個月的八月一日，土佐藩頒布了大赦令。

「改變兼山的政治……。」

這是一種宣示，而參政（仕置役）以下的諸奉行皆陸續遭到改選。

過去藩嚴格管控的藩營商業，也就是批發商和茶、紙、漆等的專賣制度，在這裡遭到廢止。同時也停止發行藩的貨幣。另外，過去被禁止的酒、舞蹈、相撲等也獲得解禁，酒、麴、油等的租稅減半。

城中的苦力也說道：

「今後再也不會有過分的差事了。」

一直以來受到兼山壓抑的藩士和領民一口同聲地支持「寬文的改革」。

寬文九年六月，山內豐昌繼位第四代藩主，一直到元祿十三年（一七〇〇）九月為止，共在位三十年。這段時期剛好是江戶和京都的元祿文化興盛的時期。

「萬事喜愛奢華的君主，改變了過去的風格」（谷真潮著《流澤遺事》）。

反映膚淺的世風，藩主豐昌也被時代染色，開始寄情於能劇和食道樂。他的身邊沒有像兼山一般的人物也是一個原因。

兼山時代積攢的藩庫，不知不覺全都空了。

煩惱沒有遊玩經費的豐昌，向身邊的人尋求解決之道。

「臣惶恐，不如賣掉我國（土佐）的特產木材。」

經過調查後發現，原來領內有這麼多沉睡的資源。

藩主豐昌在江戶向仙台藩的伊達家（六十二萬石）自豪地說道：

「本藩雖然只有二十萬石，但如果加上山林，那可不會輸給貴藩。」

豐昌實際砍掉了樹木賣錢，將收入全部都花在能劇的享受上。山內家能劇衣裳的華麗程度，據說是十五代之首，甚至超過五代將軍德川綱吉。

另一方面，土佐的良木連年遭到砍閥，山林終於被揮霍殆盡，藩政經費也被用在了玩樂，就像是蒙著眼睛跌落萬丈深淵。

「至國之衰微」（馬詰親音著《南洋筆剩》）。

然而，藩主豐昌卻毫無反省之意。身邊的人也不向他諫言，眼睜睜地看著藩的財政落入萬劫不復之地。藩主豐昌的生活態度與他的性傾向想必也有關係，但與元祿時期的社會風氣——「花錢經濟」也有絕對的關係。這股消費的風氣和商業經濟，甚至傳到了一直到戰國時代為止都與京都隔離的土佐。由於參勤交代而必須往返江戶和封地，因此無法阻止情報和物資的滲入。

如果執政野中兼山沒有失勢，也沒有反彈兼山政策的「寬文改革」，雖然依舊無法阻擋全國性的商品流通和商業經濟，但如果繼續堅持兼山的政策，那麼土佐藩的傷口應該不至於這麼深。

沉溺於元祿消費經濟的同時，無計可施的土佐藩急忙下令禁止酒和菸草，希望藉此重振風氣，然而為時已晚。瀕臨破產的土佐藩又在幕府的命令之下被迫普請[8]，再加上天災，財政狀況更是雪上加霜。

從親族中被選作養子，進而繼承五代藩主之位的**豐房**，為了重建土佐藩，親自站上最前線，用悲壯的心情吐露自己對抗天災的決心。

「這是我一人之罪。由於我政偏離了正道，因此遭受天譴。如果我無力救濟，就會讓幾萬人的生命因我而消失。犯下這等滔天大罪（波及上天的大罪），我會歸還領地，用盡天下之力也要達成救濟的訴願，絕不會讓蒼生（人們）挨餓」（摘自《物語藩史》七〈土佐藩〉）。

豐房可說是歷代藩主中數一數二的明君。強烈的責任感成為了他最大的敵人，讓他在位僅六年便去世。寶永三年（一七〇六）歿，享年三十五歲。

繼位的是豐房的弟弟**豐隆**，而他卻是歷代數一數二的昏君。豐隆對政治漠不關心，與愛妾八人遊山玩水，寶永四年十月大火災的時候，幕府體恤災情慘重，於是下令免除參勤交代。然而豐隆卻以探望住在江戶的生母為由，命令所有藩士捐獻俸祿的二十分之一，硬是前往江戶遊玩。

享保五年（一七二〇）四月豐隆去世後，藩士和領民無人不歡呼，可見豐隆是多麼無藥可救的一位藩主。隨著藩政的沒落，過去與藩結合的特權商人、櫃屋、播磨屋、美濃屋、根來屋[9]等也跟著失勢，取而代之的是新興商人的抬頭。

最具代表性的是出身安藝郡和食村（現在的安藝郡藝西村）農家的土種屋儀右衛門，以及才谷屋（大濱）八兵衛。他們不再像過去依附藩，也就是領主的商品經濟，而是用自己的才幹開發新的領域，增加收益。當中又以在土佐藩內擁有一百八十二間造酒廠的才谷屋最為興盛。

八兵衛於元祿十年五月去世，享年五十八歲，由生於寬文九年（一六六九）的八郎兵衛（正禎）繼承，繼續擴大規模。享保十六年（一七三一），八郎兵衛擔任本丁筋的年寄[10]一職，之後將家業交給了第三代的八太郎。

八太郎生於寶永二年（一七〇五）七月，在他這一代陸續開新店舖，也開了和服店。另外還製造髮蠟（鬢付油），同時也是米商。想當然，借錢給藩士和領民的事業，他們也插了一手。

才谷屋也因此擁有三町四反[11]的田地，同時擁有在城下四週的山村。這個八太郎是之後坂本龍馬一族的「中興之主」。八太郎通稱為彌次右衛門或是儀助，之後又改成與上一代同名的八郎兵衛。

二代八郎兵衛（之後的坂本八郎兵衛直益）在世的時候幫長子兼助（八平直海）買了鄉士的身分後分家，才谷屋由次子八次（八郎右衛門直清）繼承。

就這樣，在坂本龍馬出生前六十年，他的祖先擁有了兩種身分。在取得「坂本」這個姓氏之後，他們便捨去了過去默默使用的姓氏「大濱」。

無論如何，土佐藩反覆使用權宜之計，苟延殘喘到了幕府末期。

1 京都、大坂一帶。

2 多半負責刑罰。

3 騎馬的武士，跟在大將的馬四周，負責護衛。

4 住在鄉下的武士。

5 負責村內行政的官職。

6 武士階級中擁有正規武士身分的人。

7 庄屋、名主、肝煎同為江戶時代的地方官職。

8 負擔幕府的公共土木工程建設。

9 櫃屋、播磨屋、美濃屋、根來屋皆為豪商的名號。

10 地方官職。

11 土地面積單位，三萬三千七百二十平方公尺。

嚴謹耿直的名輔佐

——松代藩，恩田木工

從名作《日暮硯》看「被打造出的名家老」恩田木工

俗話說，「事實往往比小說更離奇」。一點也沒錯。歷史上的事實有時會超越編出來的故事。相反地，學歷史如果不注重史實，那麼無論讀多少故事，也看不到事情的真相。

在思考真正的「名家老」時，有一本剛好的教材，那就是名為《日暮硯》的這本書。根據這本書的記載，寶曆四年（一七五四。史實為延享三年＝一七四六）**恩田木工民親**被提拔為信州松代藩十萬石的家老，重建了松代藩窮困到極點的財政，在短期內就看到了顯著的成果。書中記載了許多有關於他的功績，直到今日，許多學習歷史的企業經營者都是他的粉絲。

江戶時代中期，正如序章提到的一樣，無論是哪一個藩，都為財政赤字而煩惱。幕藩體制本身的缺陷是造成各藩財政赤字的原因之一，藩的收入無論怎麼分配，都很難解決問題。

再加上奉幕府之命而必須支出的參勤交代和普請費用。

過去據說富裕程度「所藏黃金的重量可以讓城牆下的石崖傾斜」的松代藩也不例外，到了上一代的真田信安(真田家五代藩主)時期，松代藩的財政開始出現問題，到了真田幸弘這一代，財政已經陷入瀕臨瓦解的危機。關於累積的赤字，光是向藩御用商人八田家的借款，就已經高達二十一萬兩(相當於現在的八十四億日圓)。

恩田木工之前的**田村半右衛門**面臨這樣的危機，無視於領民的哀號，計畫用橫徵暴斂的方式渡過難關。寬嚴四年(一七五一)七月，半右衛門召集了領內的庄屋，命令他們繳交高額的御用金[1]，不得有誤。半右衛門甚至還說出這樣的話：

「無論是賭博或是偷竊都無妨。總之在期限內一定要湊到足夠的錢。」

半右衛門簡直是蠻不講理。

相信他是為了拯救松代藩的危機而拚了老命，然而到了八月，藩內七十三村的二千農民同時起義，一舉攻到了城下。

他們要求交出田村半右衛門。

領民們已經被逼到了生死關頭。

「唉，難道要對百姓開戰嗎？」

地方奉行前往鎮壓，而農民們包圍了半右衛門的宅邸，拿出準備好的訴狀，要求藩交出半右衛門。百姓們竟然會要求交出一藩的執政，想必他們的身心真的都已經到達了極限。

藩是如何解決這個問題的呢？面對農民們的要求，藩是否保住了半右衛門？結果非如此。事實上，藩選擇了屈服。雖然沒有把半右衛門交給農民，但他卻因此獲罪入獄，就這樣死在了獄中。

然而，想必半右衛門一直到死前都無法理解自己到底所犯何罪。武士的地位在農民之上，領民向藩主繳納稅金也是理所應當的事。在財政窘迫的時候，領民們多繳納一些稅金來彌補赤字，對於半右衛門來說是再白然不過的道理。

然而，領民在強權之下，從一開始的忍氣吞聲到後來的反抗，已經可以看到幕藩體制崩壞的前兆。

接任半右衛門工作的恩田木工將這樣的現況銘記於心。

恩田家是松代藩中世襲的家老。木工生於享保二年（一七一七），正好是八代將軍德川吉宗為改革幕政而進行「享保改革」的時期。根據《日暮硯》記載，當時人在江戶的恩田木工被藩主真田幸弘徵召回松代藩，他提出了包括老職（家老）在內的所有官員，都不得反對他接下來要做的任何事情為條件，接受了國政委任，擔任執政一職。

木工回到松代藩後，又召集了妻子和親族、郎黨（家來），約法三章。

一、絕不說虛言。

二、每餐只吃飯和湯。

三、只穿木棉材質的衣服。

他又召集了所有官員，宣布廢除過去的「半知」（將俸祿的一半借給藩），並約定歸還俸祿，希望藩士能致力於文武兩道。另一方面又說到「閒暇時可以從事休閒活動」，表現出了對官員們的體恤。與前任的做法大相逕庭。

接著木工找來了過去曾是領內之主的農民，保證今後在政治上絕不說謊、政策一旦公布就絕不更改、嚴禁賄賂。並表示，不會嚴格催收稅金、不要求提前納稅，也不再徵收御用金。

在這樣的前提之下，木工向農民代表們提出了這樣的請求。

「過去尚未繳交的稅金不再追究，與提前繳納的稅金相抵，希望凍結歸還已經繳納的御用金。」

領民們一改過去對田村半右衛門的態度，對於木工誠懇真切的請求表示感激，不僅答應了木工的請求，更表示理解藩現在面臨的困境，提出願意繳納「二年分的年貢」。

木工接受農民的心意，命令他們只需要繳納一年的稅金。

木工抓住了農民的心，要求農民列出過去作惡多端的官員名冊，向藩主報告。然而，對於那些因為怕過去的惡事被揭發而無心工作的官員，木工刻意不彈劾他們，給他們改過自新的機會，訓斥他們今後要致力於藩政改革。

「再也看不到瀆職的官員。」

《日暮硯》如此記載，又寫道，不出五年，松代藩沒有任何的債務，大家豐衣足食，成功地重建了藩政。

「改革」不是一件簡單的事

這是多好的一段佳話啊。

然而，如果有企業經營者或企業幹部被這一段故事所感動，很遺憾地告訴大家，木工其實是經營方面的門外漢，根本沒資格從事經營。

站在歷史學的角度很明白地告訴大家，上述所有關於恩田木工的所作所為都不是史實，全部都是編造出來的故事。

歷史上的確有恩田木工這一號人物，然而他並沒有留下值得被稱作「名家老」的貢獻。

根據史實，在他就任執政後三年，也就是從寶曆七年（一七五七）起，木工開始著手重建財政，直到同十二年木工四十六歲去世為止的五年期間，他雖然努力改革，但松代藩龐大的債務卻一點也沒有減少。

藩士的「半知」照舊，也沒有正式的記錄證明木工廢止了提前收稅和徵收御用金。

相反地，對於那些尚未繳交的年貢，採取了分月繳納的新方式，此舉更加壓迫了農民。就算如此，在木工死後隔年，松代藩還是無法支付藩主參勤交代的費用，可見財政已經破產。

《日暮硯》在不了解松代藩實情的狀況之下，僅藉由「恩田木工」這個實際存在的人物，描繪出了一個理想的執政形象，看他如何面對不懂藩政經營的領民（也就是被支配階層）。這恐怕才是事情的真相，寫法與不把歷史當學問的時代小說相同。

歷史上真正的恩田木工自始至終都僅僅堅持「節約」這一項消極的措施，無法跳脫既有的政策，沒有提出任何一項重建財政的具體措施。

從這裡可以看出理想與現實間的距離。

仔細想想便可以知道，前任的田村半右衛門為什麼會對領民們橫徵暴斂呢？這是因為已經找不到其他的財源。另一方面，《日暮硯》中的恩田木工對於藩士和領民採取的是體恤的態度，但卻沒有看到木工向他們徵求如何開拓財源，這應該才是重建財政最基本的重點。

用舊有的政策經營藩政，怎麼才能克服赤字呢？開展新事業、節省人事費用等，所有冠上「改革」之名的一切作為，都不可能如此輕易地就成功。

看看拉下野中兼山的土佐藩，「寬文改革」列出的都是一些漂亮事，但結果又如何呢？讀者們不妨自己想一想。

參與改革的人必須忍受周圍的唾罵，流血流汗，走在荊棘滿佈的道路上。

《論語》子曰：「貧而無怨難」。人們只要自己的生活陷入困境，就會羨慕、嫉妒、怨恨他人。這種不公平、不滿的情緒，當然會指向負責政治與行政的人。

就算是方法不正確，但田村半右衛門之所以會成為眾矢之的，想必也是這個原因。

在貧困的境遇之下依舊不心懷怨恨是一件非常困難的事。這比富而不驕更難，如果能夠做到是一件很了不起的事，但通常都很難控制。閱讀《日暮硯》而深受啟發的經營者，也許是不了解歷史和人性的人。

話雖如此，姑且不論《日暮硯》中理想的執政形象，歷史上真正的恩田木工，難道沒有任何值得我們學習的地方嗎？事實上也並非如此。

恩田木工為人刻苦耐勞、嚴謹耿直，拚盡全力完成交到自己手中的工作，這些都是值得今日許多經營者或重要幹部學習的地方。

也就是《莊子》所言：

「舉世譽之而不加勸，舉世非之而不加沮」（當世人都稱讚自己的時候不會因此而過分逞強，當世人都非議自己的時候也不會因此而沮喪）。

根據莊子所言，不因世間的毀譽褒貶而動搖是最重要的，而恩田木工可說是做到了這一點。

如果他的身邊出現幫助他開拓新事業的軍師（外部員工）或部下（輔佐），也許事情就不一樣了，這一點非常可惜。

1 為了彌補財政赤字而向農民、商人徵收的臨時稅。

成為明治維新原動力的宰相

——長州藩，村田清風

實踐型藩政改革

天保八年（一八三七），在**毛利慶親**（後來的敬親）當上第十三代藩主的時候，幕府末期的雄藩——長州藩，正面臨了前所未有的財政危機。

借款高達銀八萬貫（天保九年到達了九萬貫），是一個無可救藥的天文數字。

長州藩毛利家在關原之戰的時候，由於毛利輝元擔任了西軍的總大將，因此原本擁有的八國在戰後都被戰勝者，也就是東軍的總大將德川家康沒收，重新分配了周防和長門（現在的山口縣）給毛利家。

領土減少至四分之一的長州藩花費十數年的時間開墾，檢地結果顯示，總石高（實際產量）到達了五十三萬石。

長州藩在掌握這個數字的情況之下，卻只向幕府報告檢地結果為三十六萬九千石，這個數字成為了長州藩表面的產量。

藩政初期，長州藩將實際產量和表面產量的差額以特別費的方式偷偷地存了起來，為臨時支出做準備。

然而，由於幕藩體制上的缺陷，流通的錢趕不上米的產量（石高），這讓幕府和諸藩一一陷入了財政破產的危機。

長州藩也不例外，終於負債高達銀九萬貫。就算藩主以下的所有藩士及其家人皆不吃不喝，將俸祿全部用來償還債款，也必須花上二十年的時間。

人類不吃不喝則無法生存，就算再怎麼節省，恐怕五十年內也很難償還債款。如果在這樣的狀況之下進入幕府末期的混亂期，不僅不可能有所謂的「薩長聯盟」，長州藩也不可能成為討伐幕府的主力。

被託付解決這個財政大難題的人就是**村田清風**。

村田清風在天明三年（一七八三）四月出生於長門國大津郡三隅村（現在的山口縣長門市三隅），一開始名為順之，之後更名為將之。通稱四郎左衛門，後來又更名為織部。清風是他後來的諱。

十五歲在離家二十公里的「明倫館」求學，由於成績優異，因此成為了官費修學生。

二十歲前往江戶求學的時候，第一次見到富士山的清風說道：

來了才知道富士山也不過如此。

釋迦和孔子想必也是。

留下了知名的詞句。

二十六歲時在長州藩擔任官職，加入手迴組，官拜小姓。他的為官之路可說是一帆風順，在歷經右筆役密用方、江戶屋敷在番、異船防御方等官職後，成為了「當役」的右筆添役，相當於祕書課長的文官。這時的清風三十七歲。

順道一提，這裡所說的「當役」事實上就是「家老」，嚴格來說，「當役」是江戶家老，而「當職」則是國家老。

清風是在文正七年(一八二四)擔任當職手元役的時候，開始直接參與處理財政問題。這個官職主要的工作是輔佐家老，當時的清風四十二歲。

村田清風

天保元年，清風四十八歲的時候當上了撫育方頭。這個職位掌管的是長州藩的秘密帳本，這時清風的俸祿僅九十一石，之後增加到了一百六十一石。有人認為這樣的俸祿稱不上是「家老」，但從他的職務權限看來，絕對可以與勘定方[1]家老匹敵。

天保九年，清風五十六歲的時候，他以表番頭之姿成為了地江戶兩仕組掛。擔任相當於會計這個重任的清風終於開始著手改革藩財政。然而，由於受到反對派消極的抵抗，改革遲遲沒有進展。再加上長州藩在天保元年時遭遇了自開藩以來最大規模的「天保一揆」，受到重擊的長州藩一直沒有完全站起來。

天保十一年，清風參加了由藩主敬親親自主持的御前會議。

會議上清風所講的話，與其他挑戰改革藩政的人完全相同。也就是防長二州必須團結，藩主以下的所有藩士都必須徹底端正自己的態度，一改過去的風氣。他的主張另外還包括不論身分廣納人才、努力節約、盡全藩之力培育並發展產業，以及獎勵文武，提高士氣等。

清風的門人

清風與其他藩政改革者不同的是，他以這些思想準備為基礎，制定了具體的政策。首先，強化了下關的貨船管制，擴大官府「越荷方」的權限，臨機應變對外的通商。

接下來，他將至今為止藩士欠下的所有債務全部由藩扛下，制定了三十七年還債計畫的「三十七年賦皆濟仕法」，每年支付二朱[2]的利息，抵銷債務。

第三步，清風為了重拾因長期的太平盛世而墮落衰退的武士道精神，於是積極實施文武修行。天保十四年（一八四三），他動員一萬四千人，聚集五百數十頭軍馬，進行了大規模的演練。另外，他的「在鄉武士論」為的是改善集中在萩城下的武士的生活，因此獎勵歸農，同時讓他們從事農村子弟的文武教育。

另一方面，為了幫助辛苦的農民，他又強化了救濟制度。供給貧困階層的農民米銀，孩子出生的時候也補助米糧，希望藉此增加農村人口，促進農村發展，進而增加收穫量。清風不斷累積足以被稱為「名家老」的好成績。

然而，為了重建財政而被迫加重負擔的商人、豪農，以及上層藩士等，並不認可清風的做法。

弘化元年（一八四四），清風終於因為強大的反對勢力而失勢。反對派之首的坪井九右衛門成為了新的改革負責人。不用說也知道，他一一否定了清風的政策，但與此同時卻又提不出其他具體政策，除了照舊嚴格命令勤儉節約之外，沒有其他作為。

政權再度轉移到了清風派的周布政之助兼翼手中。

另一方面，隱居三隅鄉下的清風，門下聚集了許多希望他教授學問的人，於是有了培育弟子的私塾「尊聖堂」。他的門下除了上述的周布政之助兼翼之外，還包括吉田松陰等，可說是人才輩出。清風也許才是長州明治維新的源流。

安政二年（一八五五），清風因二度中風而去世，享年七十三歲。除了他活著的時候的貢獻之外，死後對後世的影響讓他成為了當之無愧的「名家老」。

長井雅樂的「航海遠略策」

雖然有一點畫蛇添足，但下面希望介紹一位清風的弟子**長井雅樂**。幕府末期，正當幕府被尊皇攘夷派志士逼到絕境時，以公武合體的精神提出「航海遠略策」這個政略論的人正是長井雅樂。

這是一篇劃時代的論文，之後幕府末期和進入明治之後出現的政略，全都受到這個理論的影響。

有「兼具智慧與辯才」稱號的長井雅樂出身於藩名門。文久元年（一八六一）擔任直目付一職，在與掌管長州藩行政的周部政之助商議之後，向藩主敬親提出了建白書。

雅樂在建白書中寫到，「破約攘夷簡直是癡人說夢」，這種事根本不可能辦到。與歐美列強簽訂的條約，不可能單方面擅自毀約，不然就會引發戰爭，而已經安享二百年太平的武士們又能做些什麼呢？在嘉永六年（一八五三）的現在，培里率領的不到五百人的美國軍隊，面對五萬日本武士的包圍，五百人卻依舊態度堅硬，面不改色。至於那五萬日本武士又如何呢？每個人不都是無法掩飾心中的恐懼。

「讓武士攘夷，那是不可能的事。」

在喊攘夷之前，應該重振武士精神，購買武器彈藥，讓裝備可以比得上歐美列強。唯有從精神和物質兩方面重新鍛鍊，才真正能夠攘夷。現在反而必須積極接受開國的現實，充實軍備，派團去海外考察，吸取歐美之長處，改變國人。長州藩在經過一番掙扎之後，將雅樂的「航海遠略策」定為長州藩的政略。

雅樂於是又向京都的朝廷遊說，成功說服正親町三條實愛，將他的政略傳達給孝明帝(明治天皇的父親)，取得朝廷的同意。之後又向幕閣說明，獲得贊同，他的私論如今成為了幕論。

筆者非常尊敬田村清風，同時也認為幕府末期，長井雅樂這顆巨星的出現可說是日本之幸。這時，幕末史確認了方向。另一種公武合體的路線開啟了日本新的可能性，進而走向今日的日本。

然而，受到排擠的尊皇攘夷派，主張雅樂的理論是肯定現狀的愚策。在「航海遠略策」受到幕府公認的萬延元年(一八六〇)七月二十二日，既是清風的弟子又是松陰盟友的桂小五郎(之後的木戶孝允)及其弟子久坂玄瑞等人，與水戶藩的志士締結了「丙辰丸盟約」(成破盟約)。為了打倒現在的幕府、改造幕閣而進行破壞與善後，前者由水戶藩擔當，而後者則是由長州藩負責。

水戶藩士(形式上是脫離水戶藩的牢人)的首號目標是大老井伊直弼，接下來受到攻擊的是老中安藤信正。文久二年正月十五日，後者在被後世稱為「坂下門外之變」的襲擊當中負傷，但性命無虞。但在他完全康復之前，政局也因此而中斷。

歷史有時候非常諷刺。當簾幕正準備要垂下的那一瞬間，至今從未出現在故事當中的一個鄉巴佬卻會突然出現，把所有的故事全部攪亂。

長井雅樂在長州藩內成為焦點，卻有人因此想要拉他下台。以「航海遠略策」中使用的「謗詞似寄」四字是在毀謗朝廷、對朝廷不敬為由，稱雅樂為大不敬之惡徒。

在尊攘派的壓力之下，周布政之助無力保全雅樂，長州藩的政略一下子又轉向了尊皇攘夷。雅樂的「航海遠略策」在實施之前遭到了否決。文久三年二月六日，長井雅樂切腹，享年四十五歲。

雅樂辭世前留下了傑出的詞句。

為報君恩欲業未央
　　愧己四十五年狂
即今成佛非吾意
　　願作天魔輔國光

補充說明，在此前年的文久二年十二月一日，在江戶的土佐藩主山內豐範與長州藩主毛利敬親的養女喜久姬成親。

兩藩原本應該因此姻緣而更加團結，但一方面在山內容堂的指揮之下，遵循公武合體的宗旨，另一方面卻又無視藩主繼續進行尊皇攘夷。雙方對彼此都隱約藏有不滿的情緒。

婚禮之前的十一月五日，山內容堂受到長州藩世子毛利定廣的邀請而來到長州藩邸。與他同去的是小南五郎右衛門（之後的五郎）、寺村左膳（道成）、乾（之後的板垣）退助、小笠原唯八、山地忠七（元治）等人。而迎接他們的則是周布政之助、久坂玄瑞等長州藩的首腦。

雙方小酌，為了緩和氣氛而開始「席書」（在會席上即興寫書畫）。輪到容堂，他首先寫了一首俳歌，這並沒有太大的問題，但他臨時起意，在別的紙上反畫了一個他所擅長的葫蘆。還說了一句：

「這就是長州。」

他主要是在諷刺下級藩士影響全藩，也就是下剋上的情形，但長州方面卻非常敏感。趁著吟詩的時候，久坂玄瑞吟了一首勤王僧月照的長詩：

「吾居方外尚切齒，廟堂諸老何遲疑。」

在這裡突然停下，周布立刻指著容堂本人，接著說：

「容堂不也是廟堂一老公……。」

在此同時，長州藩攘夷激進派的久坂玄瑞、高杉晉作、白井小助、赤根幹之丞、品川彌二郎、井上聞多（之後的馨）等人準備攻擊橫濱英國大使館的計畫走漏，長州和土佐兩藩都知悉。

由於幕府的戒備森嚴，所以這一項計畫並沒有付諸執行，但土佐藩士由於擔心而趕往蒲田梅屋府邸（長州藩世子的居所），周布政之助趁酒勢，在馬背上大喊：

「容堂公不把尊皇攘夷放在眼裡。」

土佐藩要求交出周布，場面緊張，雙方人馬隨時有可能開戰。

長州藩世子定廣謝罪後，事情才總算壓住，但心有不甘的土佐藩，一直到明治維新前夕，都不願意和長州藩一起行動。

無論如何，村田清風的氣度是他的門人所望塵莫及的。拜清風的藩政改革之賜，長州藩終於起死回生，這是不爭的事實。

1 管理金錢出納的官職。

2 貨幣的單位。

重建大名家的好手

——小田原藩等，二宮尊德

戰後二宮尊德為何無法復權？

有一位財政改革的達人，用「推讓」二字代表為準備天災饑荒而設置「備籾倉」和「義倉」的意義。

天明七年（一七八七），農家長子**二宮金次郎**（或稱金治郎），也就是後來的**尊德**，出生於栢山村（現在的神奈川縣小田原），比有藩政改革之神稱號的上杉鷹山晚了三十六年。關於「推讓」，尊德曾經如此說道：

「讓，就是人道（人的努力之道）。若做不到將今日的東西讓給明日，今年的東西讓給明年，雖是人但非人。賺十錢花十錢、賺二十錢花二十錢，錢不過夜，是鳥獸之道而非人道。這是因為鳥獸不懂將今日的東西讓給明日，今年的東西讓給明年之道。

人則非如此。今日的東西讓給明日，今年的東西讓給明年，讓給子孫，讓給他人。我認為這是「讓之道」，也就是人道的最高道德。

而這個讓之道也有順序。今年的東西讓給明年是讓，也就是「儲蓄」。讓給子孫也是讓，說的是累積家產。此外也必須讓給親人、朋友，也要讓給村與國（藩）」（筆者所寫的「推讓論」的現代語翻譯）。

二宮尊德所說的讓給村與國，也許可以視作是現代的社會福利以及經濟援助他國等。一切的起點都來自於尊德所說的「儲蓄」。

然而，就算明白這個道理，但情感上卻不是那麼簡單就能接受。也正因為如此，才必須不斷地反覆說明其必要性。

剛才提到的上杉鷹山和二宮尊德二人並稱是財政改革、重建的專家，但二人的成長過程卻大不相同。

下面以傳記的方式來介紹二宮尊德這一個人。

二次世界大戰之前，日本應該沒有人不知道二宮尊德的名號。在被稱作金次郎的幼年時期，尊德揹著柴努力讀書的故事感動了所有的日本人，全國小學的校園裡都有設置他的銅像，供人景仰。

就算生活貧困，仍然利用每一分每一秒努力求學，少年時代的吃苦耐勞，終於讓他用學問開花結果，成功地重建了許多貧困的村落。二宮尊德無疑是日本人理想的典範。

然而，日本人對尊德的尊敬在戰後卻有了戲劇性的轉變。現在雖然依舊有許多人或團體推崇尊德，但比不上以前那種舉國上下景仰尊德的盛況。

尊德的人氣為什麼會急速下滑呢？經常聽到有人說那是因為尊德被軍國主義利用了。這的確也是一部分原因。但就筆者的淺見，我認為是因為戰前對於尊德的描述當中，有太多的虛構。

例如，我們雖然稱他為二宮尊德，但尊德本人卻自始至終用的都是「二宮金次郎」這個名字。由於從他當上幕臣的天保末年起，會在著作的左下用細字體寫下尊德二字，且使用省略了「金」字的花押（印章），因此才被後人稱作二宮尊德。

據說二宮尊德是農業專家，幫助復興農村，但事實上真是如此嗎？

這些疑問不斷地在筆者腦中盤旋。

如前所述，金次郎在天明七年七月二十三日出生於相模國足柄上郡栢山村（現在的神奈川縣小田原市栢山），屬於小田原藩十一萬三千石的領內。

二宮尊德

栢山村是新開墾出來的村落，金次郎的祖父銀右衛門拿著鋤頭，開拓了二町三反六畝（約二萬三千四百五平方公尺）的田地。

然而，銀右衛門膝下無子，甚至有一說是他終生未娶，只是專心於開拓荒地，於天明二年十月去世。在死前數年才迎來了養子（兄長之子）利右衛門，而利右衛門就是金次郎的親生父親。

金次郎的親生父親利右衛門

銀右衛門這個人只對如何拓展自己的田地這一件事有興趣。好不容易有了養子卻又不讓他娶妻，利右衛門直到銀右衛門死後二年才迎娶小自己十四歲的妻子阿好。

當時的利右衛門三十二歲。三年後生下長子金次郎，但在當時的農村，晚婚對於農民而言可說是非常致命。

這裡很容易被誤解，但在江戶時期，所有的農村都是命運共同體。無論是道路工程、修補堤防、山林管理或是維修等，許多公共事業都必須要與村人商議。

老人與婦孺也有各自必須扮演的角色，不知道銀右衛門對於這一點有什麼想法？繼承家業的利右衛門被稱作是「栢山的善人」，對村人樂善好施。結果在繼承家業的十八年間，將一町六反（一萬五千八百六十八平方公尺）的田地交到了別人的手裡。

利右衛門也許是為了彌補養父對村落的漠不關心，所以才會這麼做。

然而，這個利右衛門是一個不可思議的人物。雖然繼承了農家卻不耕農，一頭鑽進了學問裡，甚至無暇顧及家人。

讓出了上述這麼多田地就是最好的佐證。

也許有讀者會誤會，在當時的農村，借錢給別人的時候，有時人們會用米、麥、豆等物品償還，通常不會上門討債。如果遲遲不還債，才會寫下借用証，請對方支付利息。如果還是無法償還，才會有「抵押」的狀況發生。

然而，希望讀者不要曲解的是，這裡的「抵押」不代表欠債人就這樣失去他的田地。如果田地列入擔保，則欠債人失去的是耕作權，變成佃農。也就是說，欠債人耕種的同樣是自己的土地，從收成的作物中支付利息，同時還需要支付租金。

假設就算田地被沒收，也必須有人繼續耕種。如果找不到耕種的人，荒廢田地會對全村造成困擾。雖然困苦且看不到未來，但這時候的農民只是默默地在這種必須支付雙倍金額的困境中討生活，直到承受不住，半夜逃跑為止。

這個農村的常識不知道為何卻不適用於二宮家。

銀右衛門不斷拓展田地留下的遺產利右衛門卻不妥善處理，輕易地就給別人，他的理由是為了布施。先不論他的想法，旁人眼中他無疑是一個特立獨行的人。

最後，體弱的利右衛門留下三個孩子，很早就去世了。妻子阿好雖然努力守護他留下的七反（六千九百四十二平方公尺）田地，但她也在夫君死後十八個月去世了。

少年金次郎刻苦耐勞的故事就是從這一段時期開始。

最具代表性的故事就是上山砍柴，但若以史實來看這一個行為，不禁讓人產生懷疑。故事中的少年金次郎為了貼補家用而上山砍柴，這個山應該是矢佐之山、久野山、三竹山，而這三座山是「公有山林」。

江戶時代沒有歸屬不明的山川。三座山皆由與其鄰接的幾個村落共同管理。以農家的數量與田地的面積為基準，一直到山的斜面為止，所有的使用方法都有詳細的規定。什麼時候應該入山割草、什麼時候應該去砍樹枝、什麼時候又應該去撿柴等，所有的一切都有嚴格的規定。

金次郎也有可能不知道這些規定。然而，經常隨便入山撿柴，其他村落的人絕對不可能放任不管，想必會向栢山村抗議。而村人們幫他道歉，包庇了金次郎。

也許是出自於憐憫，也或是因為金次郎終將長大繼承七反多的田地，如果現在讓他逃走了，那麼村子將來便會少一個勞動人口。村人們基於這些考量，於是假裝沒看見，而金次郎也領了村人的好意繼續撿柴。

接下來，「傳說」中，尊德用照顧孩子獲得的二百金買下了植林剩下的松苗二百株，並將松苗種在酒匂川的堤防上，發揮了驚人的才幹。

如果這件事是真的，那麼村人們心中肯定是一面嘆息，一面想著：

「這個孩子真是什麼都不懂。」

關於堤防有許多複雜的規定，若沒有幕府或諸藩的許可，絕不可能任意在堤防上種樹。這個道理難道金次郎不知道嗎？據說金次郎只要有收入就會拿來買苗或給父親買酒。然而，對於生病臥床的父親，難道他會因自己的「善意」而買酒給父親嗎？

用「報德仕法」重建財政

金次郎在母親死後被伯父扶養成人。

他將原本的田地加上伯父們幫自己買回的田地租給他人，自己不耕種而出村賺錢，將存的錢借給他人收取利息，開始了商人的生活。

金次郎身上的學問可說是幫助了他正確理財。曾幾何時，他開始用上對下的姿態指導農民。在筆者看來，這代表了他否定了自己農民的身分。

然而，走上財政重建家之路的金次郎不忘感謝一路以來守護自己的村人，這就是「報德」。受小田原藩家老服部十郎兵衛之託接管服部家拮据的財政，並與其寫下書面約定，就算是主人，也不可以對於金次郎採取的新措施有任何的意見。金次郎徹底改革，以節約和儲蓄作為兩大主軸，成功地重建財政。他採取的方法為「分度」，設定服部家的生活水準，也就是規定了收支的基準。

「分度」指的到底是什麼呢？根據《廣辭苑》的說明：

「認知自己社會上和經濟上的實力，依此規定生活的限度。」

也就是說認清自己的身分和分寸。

生來擁有的天分每一個人都不同。「度」可以解釋做適度。只要知道自己的天分與極限，自然就可以訂出與其相對應的生活限度。從經營的角度而言，「分」是收入，而「度」則是支出。對於現代的商務人士而言，也許是基本常識。

接下來就是確實做到適度。金次郎在五年之內，不僅還清了數百兩的借款，甚至還有三百兩的餘款。十郎兵衛大悅，賞了百兩給金次郎當作謝禮，但他卻將這些錢分給了服部家的人。

十郎兵衛的主上大久保忠真聽聞金次郎的傑出表現，於是委託金次郎重建從大久保家分出的宇津家下野國櫻町領（現在的栃木縣真岡市。合併前為二宮町）。

造訪當地的金次郎想必也大吃一驚。土地荒蕪，農民四散，原本應該有四千石收入的土地，卻只收穫了千石。

金次郎的「分度」，將宇津家的生活水準降低到了原本的四分之一。

另一方面，降低農民年貢的上限，不再變更。同時致力開發新田，並修建用水路和農道，花了十年的時間重建。天保二年（一八三一），收穫量增加了三倍，四散的農民也紛紛回歸。由於農民的租稅上限不再變更，因此超出的部分可歸農民自己所有，農民的生活也變得比較寬裕。對於藩而言，每年的收入比過去增加，因此也無不滿。

這種將多餘的收入歸還給農民的做法，人們稱作「報德仕法」。

為了防止農民逃散到其他領地，金次郎發出了獎勵金，這個無利息且可以分期歸還的借款，被稱為「報德金」。

「積小為大」的原理

成功重建下野國櫻町領之後，接下來金次郎又被委託重建小田原藩整體的財政。他擔任的是重建財政的重責大任，地位等同家老。不，其職權應該說是在家老之上。

然而，天保八年（一八三七），藩主大久保忠真去世之後，金次郎失去了他的後盾。「決定年貢上限，將多餘的收入還給農民」這種抑制藩士支出、富裕農民階層的做法，無法得到武士階層的理解。結果，藩高層否決了「報德仕法」，金次郎的重建計畫因此觸礁。這時登場的是實施天保改革的老中之首水野忠邦。

天保十三年，金次郎被幕府任用，負責公共工程建設。這次的職位可以匹敵天下的財政奉行。利根川沿岸的治水與復興、日光東照宮的開拓等，當上幕臣的金次郎認為重建是自己的天職，努力推行「報德仕法」，但卻在安政三年（一八五六）病倒。

終於，他無法親眼看到日光東照宮的開拓，於同年十月二十日去世，享年七十歲。

金次郎傾盡七十年生涯推行的作法擴展至全國各地。

另一方面，「報德仕法」教會了農家金錢的價值，也導致農家建立了「以存錢為志向」這個在過去的村落當中不曾有的觀念。

的確，金次郎重建了許多村落與藩。然而，這個方法卻也消去了村落過去願意包容並守護幼小金次郎的那種慈祥的關懷。

這的確是一個兩難的問題。金次郎的本意其實是為了救濟農民。

無論如何，金次郎領悟了大自然的偉大，稱之為「天道」。同時他也頓悟了與「天道」相對、因人類的努力而開啟的道路——「人道」。

金次郎用「積小為大」的原理連結兩者。

「累積小事終可成就大事。」

這種「報德哲學」孕育出了「報德仕法」，而這個行動哲學的要點只有三項。

金次郎本人曾說：

「報德之道為勤儉讓三者。」

勤為「勤勞」，儉為「適度」，讓就是一開始提到的「推讓」。「勤儉讓」是通用於任何時代的基本原理。

無法掌握這三大項則原則，就有可能造成財政破產的悲劇。正因為超越了「適度」，無止盡地推行消費經濟，才會引發泡沫經濟或是雷曼兄弟金融海嘯等現代經濟危機。

農家的想法改變了。將來對於「做法」的解釋也會有所不同。

然而，我們都必須要記住，其基本原理無論在哪一個時代都不會改變。

輔佐「四賢侯」之一的山內容堂

——土佐藩，吉田東洋

束縛土佐藩的「秘密」

歷史有趣的地方就在於，乍看之下沒有關聯的東西，用宏觀的角度觀察時卻發現其實息息相關。山內豐信（號容堂）就任藩主就是最好的例子。

這件事情與之後土佐藩分裂成佐幕和勤皇二派息息相關。

君臨土佐藩主之位三十餘年的山內豐姿（第十二代藩主），由於時代的轉變，在鄉士和庄屋的壓力之下，終於在天保四年（一八四三）三月，讓位給嗣子的豐熙（第十三代）後歸隱。這件事幕府也在背後施加強大的壓力。

新藩主豐熙上位後立刻獎勵文武、重振士風，並著手整理行政。同時他也非常積極任用新的人才。

這些人被稱作「虎魚組（Okozegumi）」。代表性人物是以馬淵嘉平（正成）為中心的改革派人士。

馬淵出身於新小姓格之家，擅長武藝，曾經前往熊本的辻大膳學習竹內流小具足[1]和扭打。學成之後歸藩，開了一間道場指導後輩。文政八年（一八二五），因參勤交代而在江戶藩邸工作的時候，為「心學」所傾倒。回藩之後也繼續在自己的道場內鑽研新學。

他的門人多半是「虎魚組」的核心人物。

順道一提，「虎魚」是水田中的一種貝類，據說只要帶著它去山上或是海邊就會獲得好運，心想事成。「只要加入這個組織就可以走上理想的官途（獲得藩的官職）」，對這個組織懷有惡意的人們以諷刺的意味取了這樣的名字。

毀謗中傷馬淵嘉平的謠言不斷地傳入藩主豐熙的耳裡。

「中傷嘉平的都是些卑鄙小人，嘉平的才華不是一般人可以比擬。沒被人說壞話的人，也不過只是個凡夫俗子。」

一開始，豐熙不把這些謠言當作一回事。

然而，改革派＝「虎魚組」的政策全面否定了至今為止的所有藩政，為了建立健全的財政體制，除了整理借款之外，甚至主張削減被視為「聖地」的門閥經費。

門閥階級為了守護自己的既得利益，請出隱居的前任藩主豐資向人事提出怨言，同時想盡辦法讓馬淵下台。天保十四年十一月，馬淵嘉平入獄，被奪去了藩士應有的待遇，終身監禁。而「虎魚組」也因連坐而受到懲罰，失勢。

下面簡單介紹土佐藩山內家被稱作「一門連枝」的門閥。

首先必須追溯到二代藩主山內忠義的三子（有一說為四子），一安的麻布山內家（三千石的旗本）。

另外，被稱作「一門樣方」的九代藩主豐雍，其三子豐敬的分家＝西屋邸、十代豐策三子豐道的東屋邸、五子豐著的南屋邸、八子豐榮的追手府邸、十二代豐資之子豐矩的本町府邸，這五家的府邸分布在高知城內。

「虎魚組」潰散，正值三十四歲壯年的藩主豐熙也於嘉永元年（一八四八）六月十六日因腳氣病去世。這件事影響了後來山內容堂登上歷史的舞台，也造就了家臣吉田東洋成為「名家老」。

藩主豐熙去世同月，原本預計繼位的親生兒子篤彌太卻因病去世，土佐藩山內家原本應該就此改易。

然而，人在江戶的土佐藩重臣們拚死偽裝豐熙尚在人世，七月二日，傳達豐熙病重的消息。九日，以豐熙之名，向以阿部正弘為首的老中提出臨終前希望收養子的請求，同時將繼位者從篤彌太改成豐熙二十五歲的弟弟豐惇。

但是養子豐惇在去江戶的路上卻也因為腳痛而無法出席得到養子許可的老中會議，必須另找繼承人。正確來說，豐惇在位僅十二日便病死，享年二十五。而更令土佐藩跌入絕望深淵的是，

吉田東洋

豐惇沒有兒子。

土佐藩為何沒有遭到改易？

順道一提，送十三代豐熙前往江戶參勤並將其遺體從大坂迎回土佐，另外又送準備前往江戶的十四代豐惇至伏見的船奉行[2]，正是**吉田東洋**。當時他三十三歲。

文化十三年（一八一六），生於高知城下的東洋是吉田光四郎（正清）的第四子，幼名為郁助，後來通稱為官兵衛或元吉，諱正秋，東洋是他的號。

從小文武雙全，但他是一個性情急躁的人。

天保八年二月，面對一群無禮的年輕人，他竟然斬殺了他們。這是發生在他二十二歲時的事情，他向寺田忠次學劍，是藩內公認的一刀流。二十六歲時繼任家督，擔任馬廻，翌天保十三年九月，被任用為船奉行。他同時也擔任郡奉行一職，知曉民情，被藩認為是有擔當的新一代人才。然而，東洋在豐熙死後辭去官職，過著自由自在的生活。

順道一提，嘉永七年六月，在招待藩主家的親戚松下嘉兵衛（旗本）的宴會上，喝得爛醉的嘉兵衛揍了東洋，而東洋也毫不留情地還手，他因此遭到下放，沒收俸祿，並禁足於城下四村。

在介紹之後的發展之前，首先回頭來看面臨改易危機的土佐藩山內家。

無論再怎麼延命，豐惇終究無法見到將軍，也無法得到將軍承認他為後繼者。所有的事情到此為止，根據幕府的律法，山內家必須「歸還領地」，也就代表了山內家的滅亡。

而翻轉這個必然結果的是與山內家有姻親關係的薩摩藩主島津齊彬（親妹妹是豐熙的夫人），以及筑前福岡藩主的黑田長溥、伊勢津藩主藤堂高猷等人。在他們的授意之下，伊予宇和島藩主伊達宗城說服了老中之首的阿部正弘。

面對主張「歸還領地」的阿部正弘，宗城以時勢嚴峻為由，並威脅土佐民心不穩，一個不小心就為引起叛亂，努力加以說服。

阿部正弘是島津齊彬的盟友，他同時希望外面的賢侯在幕末這個多難的政局當中，可以成為幕府的支柱。經過一番掙扎之後，阿部承認南屋邸主人（一千五百石）山內輝衛（後來改名為豐信）為第十五代藩主。

這個消息對於山內豐信（隱居後稱作容堂）而言，可說是晴天霹靂。旁系的當家竟然可以成為第十五代藩主，山內家因此得救，對於豐信而言，德川幕府的恩惠刻骨銘心，無人可及。這一個「秘密」在幕府末期，聯繫了土佐藩高層（藩主）與上士。

另一方面，豐信知道自己不過是形式上的「中繼養子」。受到多次末期養子教訓的土佐藩，表面上暫時以豐信為藩主，但很早便開始伺機立直系隱居的山內豐資的么子鹿次郎（後來的豐範）為下一任藩主，而在這一段期間內，藩政的實權則是交給「大老侯」，也就是豐資處理，維持他長期以來的影響力。

隱居的豐資要求豐信寫下誓約書，約定等到鹿次郎長大成人後便讓出藩主之位，而豐信也照做了。

豐信手中完全沒有任何身為藩主的實權，這一點也與他成為雅號「鯨海醉侯」的大醉漢有關。

豐信一開始選擇「忍堂」為號，用來代表自己的境遇。不久之後，一名從遙遠的太平洋對岸來的使者，將他從「串場」之位解放，這個人就是培里。

「值得高興，我找到了心腹」

在締結日美和親條約的政局當中，豐信突然開始掌握身為土佐藩主的實權。

尤其他獲得了隱居的豐資的諒解，著手改革藩政，這使得他的聲望逐漸提高。在推動改革的時候，豐信最仰仗的是才識與手腕超群的**吉田東洋**和耿直忠誠的**小南五郎右衛門**（實名為良和）二人。

「值得高興，我找到了心腹。」

豐信曾經如此說道。自他就任名義上的藩主以來，第一次展開了愁眉。

嘉永六年（一八五三）七月，東洋當上大監察（大目付），十一月又晉升為參政（仕置役），站上了可以實際主持藩政的位置。

另一方面的小南則是被水戶藩名望家藤田東湖評為「有古大臣風範」的人物，同年十月，受到藩主提拔擔任側用役，隨侍藩主豐信左右。掌握藩主實權的豐信也許是因為鬆了一口氣，結果開始大量飲酒，而勇於當面直諫的人正是小南。

時局來到安政三年（一八五六）七月，哈里斯來到下田就任美國總領事。政局圍繞著日美修好通商條約而糾紛不斷，同時又發生了將軍的繼位問題。另一方面的豐信則是積極為幕府效力，從他就任藩主的原委看來便不難理解他為何如此賣力。

自培里來到日本起，幕府便積極收集並分析海外情報，以武士禮儀和傳統美德等主導交涉，希望讓美國心服，然而現在卻連最基本的外交經略也無法制定，用的都是一些權宜之計。面對這樣的幕府，許多日本人開始注目過去被遺忘的京都朝廷。

日美修好通商條約雖然在哈里斯的壓力之下簽訂，但在考慮到國內輿論反對的聲音，想到了向過去從來不被允許參政的朝廷請求敕許[3]。從後世看來，這是幕府在末期最大的失策。然而，幾乎沒有人察覺其中的危險性，大部分的人在條約敕許的問題當中，關注的是下一期的將軍人選。

就像土佐藩在非常時期選擇的是二十多歲的豐信，而不是三歲的鹿次郎一樣，許多人都認為不能把幕府交給病弱的將軍家定（十三代）。

擁護才能出眾、御三卿之一的一橋慶喜（水戶藩主，德川齊昭的親生兒子）為下一任將軍的勢力逐漸形成，這些人被稱作為「一橋派」。「一橋派」的中心人物是在土佐藩有難時曾經登場的薩摩藩主島津齊彬，而拯救土佐藩危機的宇和島藩主伊達宗城也是其擁護者。怎麼說都要將山內豐信拉到這一個陣營裡來。

一橋派最害怕的是原本應該主掌藩政的世襲大名們。從他們的角度看來，自己才是應該參與政治的人。世襲大名之首的彥根藩主井伊直弼與阿部勢均力敵，擁立血統上比一橋慶喜更接近將軍家的「御三家」之一，也就是紀州德川家的德川慶福，形成「南紀派」。

兩派的鬥爭長達一年半，最終由南紀派獲得勝利。原因被認為是因為一橋派的盟主阿部在三十九歲時急逝，反對派的井伊就任大老所致。但筆者認為，一橋派的島津齊彬等人屬於理想派，這才是最大的敗因。想當然，勝利的井伊大老，開始展開對反對派的打壓。當中，勇敢的豐信公然挑釁幕府。

豐信奉幕府之命保衛大坂，為了完成任務，他向幕府提出了九大條件。他要求幕府補助砲台設備，並陳述為了供給槍和艦船，請求幕府免除七年間的江戶參勤和其他一切公務，再要求幕府讓出屬於天領（幕府的土地）的伊予川江，當作守衛的根據地。

最後甚至以守衛為理由，希望燒掉大坂，簡直是荒唐至極。

很明顯地，這些都是用來譏諷井伊大老。不出所料，豐信提出的意見書以發言不當為由，遭到駁回。

這時，島津齊彬在薩摩加緊為帶兵上洛（京都）做準備。然而，齊彬突然去世，且希望水戶藩幫忙遊說朝廷的密函也被井伊大老攔截。齊彬死後，豐信當然也不可能逃過一劫。井伊大老首先責備與其有親戚關係的伊達宗城，逼宗城本人引退，且命宗城勸豐信退隱。

東洋的復出

有「驕慢獨智」之稱的吉田東洋，這一段時間又在做什麼呢？

下鄉的四年時間，他開辦了私塾「少林塾」（鶴田塾），教導年輕藩士，鍛鍊他們成為將來的藩之棟樑。

之後繼承他衣缽的包括後藤象二郎（東洋的外甥）、福岡藤次（後來的孝弟）、乾（後來的板垣）退助等人。另外，失去鄉士身分的地下浪人岩崎彌太郎（後來三菱的創始者）也是他的弟子。

當東洋受託解決藩的財政危機之時，這些人也成為了藩政的核心人物。世人將他們稱作「新虎魚組」。

東洋因時勢所趨而復職。

四十三歲回鍋擔任仕置役的東洋簡化了過去複雜的藩士身分制度，將上士分為家老、中老、馬廻、小姓組、留守居的五個等級，在編制藩兵的時候也加入了民兵。兵籍五年便可以得到武士的待遇，成績優秀者還可以累進，只要升到大隊長，就有機會取得鄉士或藩士的身分。

這可說是劃時代的創舉。東洋還同時努力建立財政基礎。

土佐藩在短時間內煥然一新，但無論是什麼事，總有反對者。這些保守派的人對東洋的政策指手畫腳，阻擋了藩政運行。利用大老井伊直弼的大鎮壓而結成的土佐勤王黨，對於東洋而言也有如芒刺在背。

武市半平太、吉村寅(虎)太郎、中岡慎太郎、坂本龍馬等人，以為主上容堂復權為名，訂定了結黨的盟約書。在一百九十二名同志，以及因故而無法加盟的百餘人的支持之下，在土佐藩形成了一股強大的勢力。

然而，這些人的地位低微，無法直接參與討論藩政。「敵人的敵人就是自己人」，他們於是拉攏保守派向東洋施壓，但這群理想派的人卻不受到重視。

從中可以看出東洋的藩政多麼地紮實，讓人無縫插針。

「再這麼下去，勤王的果實就要被薩摩和長州搶走了。」

焦急萬分的武市於是教唆土佐勤王黨的黨員，於文久二年(一八六二)四月八日暗殺東洋。東洋的偉業執行到一半就因此而離世，享年四十七歲。

土佐，甚至是日本，失去了一個偉大的人物。

因此得以參與藩政的武市與土佐勤王黨致力將土佐藩建立成不輸給薩摩和長州的勤皇藩，以打倒幕府為目標。土佐身處的環境可說是瞬息萬變。

翌文久三年八月十八日，擔任幕府地方機構京都守護職的會津藩和薩摩藩秘密結盟，準備發動政變。長州系公家在一夜之間全被趕出了朝廷。

長州於是帶兵上洛反抗，元治元年（一八六四）七月十九日，發生了禁門之變（蛤御門之變）。長州失敗，在隨後的第一次長州征戰中投降。

與此連動的容堂終於讓武市一派失勢，再度啟用死去的吉田東洋的學生（「新虎魚組」）。武市於慶應元年（一八六五）潤五月十一日，奉命切腹，享年三十七歲。

容堂確定了土佐藩的方向為幫助幕府重建，然而，時勢在薩長締結同盟後又發生了變化。在後藤象二郎計畫之下推行大政奉還論，但卻又以些微之差敗給了王政復古的大號令。

明治之後的容堂給人的印象是酗酒且沉迷玩樂。明治五年（一八七二）六月二十一日去世，享年四十六歲。

如果東洋還活著，那麼土佐藩的命運恐怕會大不相同。「名家老」的影響力有時候超越藩，影響整個日本史。

1 使用小刀武器的一種柔道。

2 掌管軍船、舟路的官職。

3 天皇的許可

訴諸非常手段的藩政改革者
——薩摩藩，調所笑左衛門

天文數字的財政赤字

在幕末維新的時候，七十二萬九千餘石（表面石高）的「雄藩」薩摩藩之所以可以成為官軍的主力，靠的主要是他們雄厚的財力。如果沒有財力，那麼就算有討伐幕府的志向，恐怕也無法完成。

薩摩藩是外樣大名[1]中排名第二的大藩。然而，在完成維新大業前夕，他們與其他諸藩相同——不，應該說是比其他外樣大名面臨更嚴重的財政危機。由於幕藩體制的缺陷，導致他們為有如天文數字般的財政赤字傷透了腦筋。

據說，過於豪氣英明的八代藩主**島津重豪**是導致薩摩藩財政破產的原因。寶曆五年（一七五五），年僅十一歲的重豪當上藩主，直到天保四年（一八三三）八九歲往生為止，握有薩摩藩的實權長達七十多年。

另外，重豪於十八歲時迎娶御三卿之一的一橋宗尹之女為正室，生下的其中一個女兒嫁給了德川十一代將軍家齊為正室。重豪除了是外樣大名之外，更是將軍家的岳父，在幕閣內擁有相當的影響力。

世人稱他為「高輪下馬將軍」，造訪芝高輪薩摩府邸的賓客可說是絡繹不絕。

藩主重豪非常有語言天分，據說中文程度也不錯，這也造就了他之後透過長崎，開啟並擴大了對於西歐文明的好奇心。

幕府末期流行「蘭癖語[2]」。這個時代日本的對外貿易除了對馬、琉球（現在的沖繩）之外，長崎是唯一公認的港口，因此有很多荷蘭人從這裡來到日本。所謂的「蘭癖大名」，指的就是那些深受荷蘭文化影響的大名，而重豪可說是「蘭癖大名」偉大的先驅。

重豪積極與西博爾德等外國人交流，他的頭腦非常進步與開明，足以理解西洋文化的新奇性。安永二年（一七七三），為了振興藩學，重豪在藩校內開設了「造士館」和「演武館」（練習武術和武道的場所），同時又創立了醫學院和天文館（為了觀測天象和制定年曆的機構，別名「明時館」），制定了獨有的薩摩曆等，推動了許多開明政策。

另外，他不僅不惜花費從長崎買入外國的書籍和器械類，自己的生活也是極盡奢花之能事。

天明七年（一七八七）重豪四十三歲時隱居，雖然將家督讓給了嫡子齊宣，但仍舊掌握薩摩藩的實權。

由於他遠離煩人的政務，站在隱居這個比較輕鬆的位置上，讓他更加希望引進歐美的知識與物資。想當然，此舉引發生活困苦的薩摩人的集體公憤，進而發生了世人稱作為「近思錄崩」（秩父崩）的衝突事件。

文化五年（一八〇八），重豪命家老秩父季保之下的同志十三人切腹，其他人則分別遭到流放、免職、軟禁等處分。翌六年，逼迫三十七歲的年輕藩主齊宣隱居，讓其嫡子齊興（十九歲）接任藩主，「近思錄崩」才宣告平息。

然而，在這段期間內，薩摩藩的財政窘況不斷加深，文化四年時薩摩藩的負債就已經高達一百二十六萬兩。如果換算成今日的貨幣，大約是五百億日圓。當然，這一百二十六萬兩負債不全然是重豪一個人的責任。

正如各位所知，德川幕府對於諸大名的課稅是根據各藩的總石高做分配，必須分擔江戶城、駿府城以及大坂城的修繕和公共工程、諸河川地治水工程等費用。

調所笑左衛門

再加上參勤交代也是一筆不小的花費。

元和二年（一六一六）薩摩藩二萬兩的負債不過是個開頭，寬永九年（一六三二）十四萬兩、寬延二年（一七四九）六十萬兩，在重豪就任藩主之前，薩摩藩就已經累積了這麼多的債務（約二百四十億日圓）。另外，重豪當上藩主之後，薩摩藩又遭遇了許多災害。

安永元年（一七七二），江戶櫻田藩邸發生火災，同八年櫻島火山爆發也造成了田地損失慘重。天明元年（一七八一）江戶芝藩邸燒毀，翌二年和四年的風災和水災造成了九萬一千石的損失。同六年，江戶町藩邸燒毀以及風災水災又造成了三十九萬石的損失。

另一方面，薩摩藩七十二萬九千多石的營收當中，大約五十石都是家臣們的領地，公領地不到三十萬石，就算將收成的米穀換算成其他產物，也不過十五萬兩左右。從中可以看出，薩摩藩在文化四年的一百二十六萬兩負債是多麼大的一筆巨款。另外，當時的利息每年超過一成，光是利息就相當於是一年的收入，怎麼還都還不完。

利息生利息——到了二十年後的文政十年（一八二七），加上江戶、京都、大坂，以及南都（奈良），債款竟然高達五百萬兩（換成銀子約三十二萬餘貫）。事到如今，商人們也不願意再借款給薩摩藩，藩連幕府的公用費和家臣們的俸祿等日常支出都無法給付。

這麼一來對參勤交代也產生了影響，據說江戶的任何一座藩邸都找不出藩主重豪需要的二分金（約現在的二萬日圓）。

領地內橫徵暴斂的情況愈演愈烈，藩找盡各種藉口向農民們徵稅，甚至有一家三口因此而餓死。

毅然採取非常手段

如果背負著這個天文數字的債款迎接幕末維新，那麼薩摩藩絕對不可能有被後人稱頌的傑出表現。

無計可施的重豪啟用了身邊一直以來都忠心耿耿的**調所笑左衛門（廣鄉）**為勝手方重役（相當於家老的待遇），開始重建財政。

笑左衛門生於安永五年（一七七六），十五歲時擔任茶坊主人。有關於他的出身沒有定論，沒有人知道他其他的經歷。

換一個角度來看，這樣的人竟然在薩摩藩危急存亡之秋被委以重建財政的重任。這可說是破天荒的人事安排，想必當時應該是找不到其他願意出來收拾爛攤子的人。

重豪與笑左衛門主從二人經過深思熟慮後，決定與當時知名的經濟學者佐藤信淵討教，在得到他的建議之後，著手進行為期十年的財政重建。

若從現在的角度來看，也就是瀕臨破產的企業向知名的管理顧問求救。當時正值文政十年，重豪八十三歲，而笑左衛門五十二歲。

笑左衛門曾經如此描述當時的事。

我（笑左衛門）是從基層上來的人，所以不應該成為家老。當時雖然位列與家老同等的三役之一，但無論如何我都不願成為家老。只是無論人們怎麼說，也絕不能將我免職。但不當家老卻要求無論發生什麼都不能被免職，這會讓主上（重豪）非常為難，因此才答應了。收下答應絕不免職的文書，從此當上了家老。（《史談會速記錄》）

關於重建薩摩藩的財政，信淵的建議如下。

一、今後十年內累積存款五十萬兩。

二、包括薩摩藩的物產在內，想辦法從各方面增加收入。

三、想辦法抵銷至今為止的債款。

有關於第一點，這次的改革不是一件容易達成的事情，政策上有時候會需要得到幕府的特別許可或打通關，為此必須要有一定的存款。

接下來當然是關於增加薩摩藩收入的政策。其中包括請求幕府允許開啟經由琉球的對清（中國）貿易、改善物產品質和減少收穫損失、所有人力行節約，以及將預算壓到領主直轄地可以負擔的十五萬兩等。

然而，第三項的過去債款，比上述二項更加困難，到底該如何抵銷過去的債款呢？在信淵的盤算當中，這筆無論怎麼償還也不可能還清的五百萬兩債款，想必借方也早已放棄。

信淵於天保元年（一八三〇）將這些計策獻給了重豪與笑左衛門主從二人，笑左衛門立刻開始執行，以十年為目標，重振財政。

笑左衛門從信淵的建議中最容易的部分開始著手，首先致力防止藩內穀物的損失、改善物產品質以及增加收入。加強米和其他穀物的包裝，將物產量產化，並實施藩的一手販賣(專賣)。眾多物產當中，薩摩藩最大的財源是黑砂糖，很早便開始實施專賣制(安永六年＝一七七七)，而笑左衛門加強執行專賣，違反專賣私自販售者處以死刑。

接下來他向幕府提出開啟經由琉球的對中國貿易。其中當然也少不了賄賂，再加上重豪在幕府的影響力，幕府終於答應每年三萬兩為限的對中國貿易。

整理五百萬兩的藩債

就這樣，在開始看到財政重建曙光的天保四年(一八三三)正月，重豪在江戶高輪的藩邸過世，藩主齊興親政，但齊興依舊全面性地重用笑左衛門，走上已經鋪好的財政重建之路。

天保六年，笑左衛門終於開始著手整頓最大難關的五百萬兩債款。

他首先拉攏只要藩有困難便會給予金錢幫助的大坂商人濱村屋孫兵衛，開始與三都[3]和藩內商人交涉。笑左衛門以重寫「借據」為由，收集了所有的借據，並且全數燒毀，厚著臉皮提出分期二百五十年的無利息償還。也就是說，將五百萬兩分成二百五十年償還，且不支付利息。笑左衛門單方面地將這個自私自利的償還計畫加諸在商人身上。

一年二萬兩，事實上和倒債沒什麼兩樣。

豪商們當然不肯答應，紛紛向上控訴這個無理的要求。然而，所有的地方奉行對於他們的控訴全都置之不理。

雖說將軍的岳父——重豪已經離世，但地方奉行當中沒有人夠膽量挺身抵抗，如果受理豪商們的控訴，幕府一定會除去他們奉行的職位。

結果，在許多商人倒閉之下，這件事總算告一段落。

笑左衛門在採取非常手段的同時，為了重建財政的根本和為未來著想，開始推動生產物的合理化。菸草、香菇、硫磺、牛馬皮、捕鯨、櫨蠟、柴魚、製鹽等，開發了各式各樣的物產。尤其是奄美的黑砂糖，加強品質管理，進而提高薩摩藩黑砂糖的市價。

另外值得一提的是在奄美島獎勵種植黍（比小米大一點），租稅為「貢糖」（用砂糖支付）。其他的砂糖用一斤（約六百克）三合三勺（市價為六升）的米價購買。後來又強行改成以名為「羽書」的票據支付後再發物資給島民的方式。這樣的手段無疑是在壓榨島民，但卻有很高的成效。

薩摩藩黑糖的收入高達二百三十五萬兩，比起改革前十年，增加了九十九萬兩的利潤。從重豪和笑左衛門主從二人開始的藩政「天保改革」，短短十年便成功了。

天保十一年，存款五十萬兩分別收入鹿兒島和大坂的藩庫，到了天保十五年，這筆非常基金到達了一百五十萬兩，分別存在江戶、大坂和藩內。

嘉永元年（一八四八）十二月十八日，笑左衛門一人扛下走私貿易的責任，被迫自殺。享年七十三歲。

對於不斷壓榨領民的行為，必須有人出來負責。

這件事情的背後，據說氣質與重豪十分相似的世子島津齊彬在就任藩主的時候遭到笑左衛門的多方阻攔，兩者不合。

然而，笑左衛門以一己之力保護了薩摩藩，沒有比他更完美的「名家老」了。為了自己的政策以身殉職，笑左衛門可說是貨真價實的「名家老」。

所有肯定明治維新的人，一定不能忘掉這一號人物。

1 關原之戰前後新編入德川體系中的大名。
2 荷蘭語。
3 京都、大坂、江戶。

逆命利君的家老

——備中松山藩，山田方谷

備中松山的農民

如果有人問我，綜觀戰國和江戶時期，誰是最好的財政家？筆者一定毫不遲疑地回答是**山田方谷**。有「日本凱因斯」之稱的方谷生出於現在的岡山縣。

江戶時代後期，在現在的岡山縣，大名家的數量高達十一藩。最大的岡山藩擁有三十一萬五千餘石，最小的備中岡田藩僅有一萬石。當中，位於現在岡山縣高粱市的備中松山藩板倉家擁有五萬石。為日本史影響深遠的山田方谷就是出生在這個藩。通稱安五郎，諱球，字琳卿，號方谷。

身為「名家老」的方谷主掌松山藩，但他的出身不過是一邊製造販賣燈籠用的油，一邊經營農業的農民「五郎吉」的長子。

最終，方谷一肩挑起重建松山藩財政的重任，藉由轉換思考模式將難題導向成功，僅僅八年的時間，就讓松山藩從原本的負債十萬兩變成了儲蓄十萬兩。這個奇蹟似的成功，讓方谷成為全國藩士景仰的對象。

不僅如此，方谷最後還當上了幕府的顧問。他的經歷可說是非常奇特。

順道一提，現在的ＪＲ伯備線有一個「方谷」車站，這個站名是後世敬愛山田方谷的人們過去向鐵道省交涉而來的結果，是日本第一個以人名命名的車站。

方谷的家過去曾被允許名字帶刀[1]，但在方谷曾祖父那一代時，由於曾祖父斬殺了村裡寺廟的住持，自己也切腹自殺，因此家產全部遭到沒收，一家人被趕出村落而分崩離析。

正因為如此，方谷家對於重建家門的執念很深，經過約二十年後回到村落的祖父和父母也為了重建家門而讓方谷念書，自己則粗茶淡飯，幹粗活。

也許是因為過於逞強，方谷的母親和父親相繼在他十四和十五歲時過世。方谷繼承家業，被迫中斷學業。

山田方谷

如果就這樣下去，想必方谷會致力於製油業，在經商方面發揮他的才幹，也許會小有成就，但絕對不可能留下他之後所留下的足跡與名聲。

松山藩主板倉勝職賞識方谷的才學，於是給了他相當於二人扶持[2]的獎學金，讓他在藩校學習。十七歲娶妻的方谷，終於在二十歲的時候重回學問的世界，並於二十三歲時遊學京都。二年後，松山藩允許他名字帶刀，享有八人扶持，位列中小姓格，奉命擔任藩校「有終館」的會頭（教務主任）。方谷終於成為了真正的武士。

之後，經過三次的遊學，他的學問方向從朱子學轉向了陽明學。從官方的朱子學看來，陽明學屬於異學。

下面簡單介紹陽明學。

始於陽明學

陽明學之祖王陽明（一四七二～一五二八）是中國明朝的學者。名守仁，生於浙江省余姚。年輕的時候放蕩不羈，完全沒有學者的樣子。鋤強扶弱，熱中武術，並且沉迷於作詩等。據說他也非常認真鑽研仙術，對於佛法和道教也很有興趣，最後終於確立了自己的方向為儒教。

話說如此，王陽明遠大的志向讓他不甘於僅是繼承先人的學問，不滿足於過去的儒教（朱子學），於是開創了自己的學派。

相對於朱子學的學問傾向於歸納，從王陽明的個人資質中也可看出，陽明學傾向的則是演繹。這樣的學問有助於後人開創行動的理論。

每一個人的人生雖然都不相同，但終究離不開喜怒哀樂，領悟到這一點的王陽明於是樹立了該如何過一生的原理原則。

他提出的「知行合一」思想，也就是知識與行動必須一致。

「知是行之始，行是知之成。」

這個極具行動力的聖人學問擁有瘋狂的電磁性，驅使人們行動。在現代，這個思考如何燃燒自己生命的學派，為了得到結論，依舊奮不顧身地勇往直前。

另外，這個學問愈積累愈會啟發正義感，讓人有一種救世捨我其誰的自豪，結果反而陷入不為人知的孤獨感和悲壯感之中。

方谷就是沉浸在陽明學之中。

他熟讀王陽明語錄《傳習錄》，抄出若干重點，甚至還自己寫序。

因陽明學而開啟實踐家之路的方谷前往江戶，改投信奉陽明學的大儒，同時也是幕府昌平坂學問所（昌平黌）教授的佐藤一齋門下。一齋的學堂通稱「左門」，方谷與信州松代藩的藩士佐久間象山並稱「左門二傑」。

在學習的過程當中，方谷曾染天花，九死一生，最後終於在三十二歲時學成歸鄉。歸鄉後的方谷當上了藩校的學頭（校長）。

當時正值天保的大饑荒時期，又發生了著名的陽明學者大鹽平八郎之亂。再加上鄰國清朝與英國間爆發了鴉片戰爭、幕府天保改革失敗等，方谷的身邊多災多難，非常的不平靜。

方谷四十歲時，二十二歲來自桑名藩松平家的板倉勝靜（指揮寬政改革的松平定信之孫），成為了松山藩藩主的上門女婿。這是之後當上幕閣老中之首的人物。

方谷教導年輕勝靜學問，並傳授藩的軍制改革和洋式砲的製造方式。嘉永二年（一八四九），勝靜坐上藩主之位，他看中方谷的才幹，於是命他兼任藩的元締役[3]和吟味役[4]。當時的方谷四十五歲。

對於突如其來的重任，方谷顯得手足無措。也難怪，一介學者（而且本來是一介農民）超越藩的門閥，一下子掌握了松山藩的財政大權。想當然，所有的揶揄謾罵都指向了方谷。然而，一旦下定決心就會勇往直前，這正是陽明學的精神。

奇蹟般的妙手

方谷查帳後發現，藩竟然連收支都沒有計算。

每當遇到天災饑荒等需要特別支出的時候，總是不顧後果地向豪商或豪農借錢，導致負債累累。另一方面卻又沒有進行任何根本性的改革，僅是強行徵借藩士的年俸，且除了年貢之外，又向農民徵收名為「高掛米」的臨時稅，採取的盡是一些不負責任的財政措施。

結果，負債像滾雪球般不斷擴大，總金額超過十萬兩。

更令方谷不敢相信的是，表面石高有五萬石的松山藩，但實際上三年平均的年貢米卻僅有一萬九千三百石。

這個數字連表面石高的五分之二都不到。扣除支付給藩士和領民的六千石，僅剩下一萬三千餘石。如果換算成金錢，僅約一萬九千兩。

從這個本金再扣除藩內的各項費用（三千兩）、江戶藩邸的維持費（一萬四千餘兩），以及大坂和京都的各項費用，幾乎可說是一毛不剩。

就算靠販賣森林木材和收取高梁川的河川通行費等雜收入支付借款的利息，借款本身卻一點也沒有減少，每年只會增加約九千兩的新利息，不斷累積。

該怎麼解決這十萬兩的借款加上每年累積的九千兩利息，成為了方谷最大的難題。這麼大的一筆財政赤字，就算頒布儉約令也只是杯水車薪。

「僅靠節約是永遠也趕不上的。」

方谷下定決心，若想要償還這個如滾雪球般不斷膨脹的債款，靠以米為主體的經濟是不可能辦到的，唯有以金錢為主體的經濟，才有可能還清債款。因此，他將經濟改為了以金錢為主體。

嘉永三年（一八五〇）三月，待藩主勝靜歸藩後，頒發了藩政改革的大號令。

方谷親自前往大坂，召集了債主的豪商和金主們，給他們看經過調查後的帳冊，並向他們說明松山的實情。

當然，若沒有具體的重建計畫，豪商們也不可能會答應。而當時方谷提出的計畫徹底翻轉幕藩體制下的經濟。

「廢除大坂的藏屋敷[5]。」

光是這一句話，就足夠震撼所有的商人。他的想法是，將收成的米放在松山藩領地內保管，等到米到達對松山藩有利的價格後販賣，用現金償還債款。這是非常有先見之明的方法，然而，幾乎沒有任何一個大名家的政治家發現這一點。

他取出用來當作擔保品的庫存，暫時停止還款。由於方谷的計畫縝密，且有詳細的還款細項，因此成功壓制住豪商們反對的聲音。

方谷同時還進行新事業的投資。他看中了備中備北品質優良的砂鐵，「備中鍬」便是其中一項投資項目。他將這項投資編入藩的事業體當中，計畫將其當作是重振財政的王牌使用。

配合松山藩頒布的儉約令，方谷自主性地提出俸祿辭退，願意比一般藩士減去更高比例的俸祿。同時將山田家的家政透明化。

藩主勝靜為了報答方谷而希望增加他的俸祿，然而，方谷考慮到上層藩士可能會反彈，並為了不影響同等地位者應有的俸祿，因此他謝絕藩主的好意。

人才任用方面，他以自己的弟子為中心，不論身分，提拔了許多才華出眾的人才。

隨著廢除大坂藏屋敷的政策，他在領內各地設了四十個倉庫。這些倉庫在饑荒的時候也成為拯救百姓的「義倉」。另外，新設置「撫育局」，領內的年貢米全部由這個機構集中管理。方谷觀察米價的變動，將這些米售出，每年可賺進四千兩至七千兩不等的利益。

方谷的改革政策對於中級以上的藩士和豪農、豪商等非常嚴格，然而卻十分保護下級藩士和一般農民，嚴禁賄賂和應酬，也因此在饑荒的時候沒有人餓死，百姓一揆的反抗勢力也不見蹤影。

幕府瓦解的預言

另一方面，「撫育局」在高粱川對岸的近似村設置鐵製品的生產線，製造包括「備中鍬」在內的各種農具，做好的商品不送到大坂，刻意送到遙遠的江戶。這是為了防止大坂商人從中獲取暴利。運送的船當然也是由藩直營。菸草的「松山葉」、檀紙，以及著名的和菓子「柚餅子」也直接送到江戶。

藩政改革非常成功，第三年的利益超過一萬兩，翌年的利益更接近五萬兩。

在這樣的成果之下，方谷又讓藩買回失去信用的松山藩貨幣(五匁札)。

方谷深知，大家蜂擁而至將貨幣換成銀子，而這些錢經過流動後又會孕育出下一個經濟，這才是他真正厲害的地方。

嘉永五年（一八五二），也就是藩政改革開始後第三年的九月，方谷當眾燒毀了買回的貨幣。下面也有許多從其他藩來看熱鬧的人，因此宣傳效果極大。方谷在經過這一個儀式之後，調撥一部分鐵製品所帶來的巨額利益，累積用來當作換錢的準備金，發行了三種松山藩的新貨幣「永錢」。

藩庫內的貨幣一時之間看起來像要見底，有趣的是，接下來卻慢慢增加。

翌嘉永六年六月，培里來日，日本終於正式迎接幕府末期，但對松山藩的財政卻沒有造成任何影響。方谷率先想出了「屯田兵」的方式，讓藩士移居領內受到雪害的土地，進行開墾。他同時也身體力行，實際參與。

到了藩政改革第五年，他為藩士加俸，同時替百姓減少賦稅，又對商工人進行融資（八年內成功從負債十萬兩變成儲蓄十萬兩）。

方谷眼中的幕府是怎麼樣的呢？

安政二年（一八五五），出席軍制改革會議的方谷在慰勞津山藩士的酒宴上說道：

「如果將公儀（幕府）比喻為衣服，那麼家康公準備材料，秀忠公擔任裁縫，最後由家光公穿上。之後每一代的將軍都穿上這身衣服，吉宗公曾經清洗過一次，他的孫子，老中松平定信又洗過一次。然而，之後的損耗和裂紋愈來愈嚴重，必須重新製作。」

坐在他對面的人問道：

「清洗第三次又如何？」

他再度說道：

「布料已經破損，針線也無法修補。」

他說出這段話的時候，日本任何一個地方都尚未出現倒幕（也包含討幕）的聲音。

這段期間，藩主勝靜由於藩內財政好轉，因此在花費龐大的幕閣當中節節高升。然而，方谷聽說必須賄賂才能當上相當於往老中之路邁進的寺社奉行，於是拒絕了。方谷當面向勝靜進言，如果必須賄賂才能出人頭地，那就沒有什麼好說的了（之後勝靜沒有賄賂就當上了寺社奉行）。

主從二人卻也因此產生了嫌隙，站在反方谷派一方。方谷雖然一時身處逆境，但陽明學的傳人不會因此就受挫。他曾經結過三次婚，最後終於得到平穩的日子。

方谷將改革帶向成功後，將元締役讓給藩士大石隼雄。隼雄同時也是方谷的弟子。方谷退出一線，最後移居遠離城下（十二公里）的深山中（之後的長瀨）。這是發生在安政六年（一八五九）的事。全國各地的賢士慕名而來，越後長岡藩七萬四千石的牧野家家臣河井繼之助也是其中一人。

另外，因大老井伊直弼而一度失勢的藩主板倉勝靜在櫻田門外之變當中，由於井伊橫死而回歸幕閣的寺社奉行之位。這是發生在文久元年（一八六一）的事。

勝靜之後擔任的不是原本規畫好的京都所司代或若年寄，一下子就破例受到提拔，榮登老中之位。勝靜立刻將方谷召到江戶，命他為顧問，參與幕政。然而，方谷卻猛烈批判無力的幕閣，最後甚至向主上勝靜建議辭去老中一職。

勝靜雖然寫了辭職信，但馬上又被說服而改變心意。五十九歲的方谷對主上產生強烈的不信任感，於是回藩，在長瀨從事私塾事業。

另一方面，失去方谷這個羅盤的勝靜終於惹怒了十四代將軍德川家茂，遭到罷去老中一職。這時，方谷與失意的主上和解，但諷刺的是，在第一次長州征伐中，備中松山藩鐵砲隊的表現讓藩主勝靜備受好評，在一橋慶喜（之後的十五代將軍）的懇求之下，勝靜再度重返老中之位。

然而，幕府的命運無法改變，當上首席家老的勝靜在時勢的變遷當中，終於被迫委託方谷代筆撰寫「大政奉還」的上奏文。

王政復古的大號令頒布，年後發生了戊辰戰爭。藩主擔任首席老中的備中松山藩成為了朝廷的敵人。備中松山藩在藩主逃往江戶，群龍無首的情況之下，分裂成和戰兩派，最終由方谷做出了「休戰」的決定。

據說擁有二十萬石以上實力的備中松山藩於慶應四年（一八六八）正月開城投降，翌年九月獲得允許再興備中松山藩。期間，藩主勝靜游離於各個戰場，最後終於自首，被終身禁錮於群馬縣上野的安中藩（明治五年獲許回藩，同二十二年沒。享年六十七歲）。

新政府憐惜方谷擁有經綸濟世之才，大久保利通和岩倉具視再三懇請他擔任官職，但方谷始終沒有答應。

明治十年（一八七七）六月二十六日，一代「名家老」山田方谷，在看清時勢變遷後，結束了七十三年的生涯。

1 擁有自己的姓，且可以攜帶刀。這是江戶時代象徵武士身分的特權。
2 俸祿。二人扶持是相當於可以養活二人的米量。
3 備中松山藩獨創的官職，相當於現在的財政大臣。
4 監察。
5 倉庫。由於大坂是所有貨品的集散地，因此許多大名都會將領國內的特產或貢米運到大坂儲藏販賣。

第三章

負責的方式

秉持正義，貫徹輔佐

——米澤藩，直江兼續

掌握上杉家最高軍事指揮權

無論是哪一個職位都一定會有其極限。就連才幹被後世人所景仰、輔佐北國之雄上杉景勝的「名家老」**直江山城守兼續**也不例外。

然而，兼續的結局改變了歷史。

兼續的幼名為與六。出生於永祿三年（一五六〇），是越後（現在的新潟縣）上杉家家臣樋口惣右衛門兼豐之子。

兼續天資聰穎，受到前任藩主上杉謙信的提拔，成為了跟在謙信繼承人（姊姊之子）景勝身邊的伴讀。他的資質與謙信相近，平時就和謙信一樣喜歡讀書，尊崇宗教，但卻不是唯心論者，自始至終都是一個認清現實的政治家。

兼續雖然經常接觸有戰神之稱的謙信，但他並沒有成為一個好戰之人。

話雖如此，天正六年（一五七八）三月，四十九歲的謙信因病去世，支持景勝的一派人馬與支持謙信另一個養子景虎（親生父親為北條氏康，景虎是他的第七子）的另一派人馬之間，針對繼位問題發生了衝突。這時的兼續率先提出主戰論。

雖然也有人建議，為了團結應該妥協，但兼續排除妥協的作法，冒著一不小心藩就會陷入長期內亂，甚至有可能遭到他國入侵而滅亡的危險，決定討伐景虎。

假設就算真的避免了內戰，聰明的兼續不認為有小田原北條氏做為後盾的景虎會放棄上杉家家督的繼承權。妥協的結果只會造成分裂，如此一來上杉家的處境將會比內戰更危險。這是因為，一旦權力內部產生派系，派系間只會為了主導權而鬥得你死我活，根本無法團結抵抗外敵。搞不好有人會為了自己派系的勝利，而做出聯合外部勢力這種吃裡扒外的事情。

尤其正因為景虎後面有關東一大勢力的北條氏，若將政權一分為二，則有可能遭到北條氏的蠶食，最終被吸收、合併。

直江兼続

「比起一時的安泰，這時更應該堅持戰鬥，以免將來留下禍根……。」

兼續冷靜而透徹地分析戰國的情勢。

不久之後，發生了眾所矚目的「御館之亂」。一開始的情勢是對景虎有利。

然而，兼續一方面努力維持家中的平靜，另一方面又突發奇想地利用「外來壓力」，結交同盟國。具體而言，兼續結交和北條氏有同盟關係的甲斐（現在的山梨縣）武田勝賴（武田信玄的後繼者），計畫利用勝賴牽制北條氏來爭取時間，在這段時間內與景虎一決雌雄。

這個上杉家內部的抗爭持續了一年多，雖然一部分領地遭到外敵入侵，但最終由景勝獲得勝利，上杉家重新團結一心，鞏固了景勝的政權。

當時的主上景勝二十五歲，而兼續才年僅二十歲。

天正十年，主上景勝為了報答兼續的大功，於是讓他繼承越後名門上杉家老將當中淵源特別深厚的「直江氏」，兼續成為了上杉家名符其實的宰相。

可以把兼續想做是首席家老。不久之後，景勝將非常大範圍的權限交給兼續，實際掌握上杉家的最高軍事指揮權。

家康，要來就來

同年六月，織田信長橫死本能寺後，兼續屏除上杉家自謙信以來，絕不追隨任何新勢力的傳統，一百八十度大轉變，上杉家成為了羽柴（之後的豐臣）秀吉傘下的大名。

天正十四年（一五八六）五月，景勝回應秀吉的徵召，與兼續一起帶兵四千上洛（京都）。

這時的秀吉已經取得中國和四國地區，被任命為「關白」，掌握天下政權。景勝的實力根本無法與秀吉相提並論。

然而，據說秀吉對初次見面的兼續有很高的評價。

天正十六年上洛時，兼續雖然為上杉家的重臣，秀吉卻希望他能夠擔任從五位下的山城守一職，並允許景勝使用豐臣的姓氏，對景勝可說是非常禮遇。

另外，慶長三年（一五九八），文祿之役出征朝鮮的景勝歸國後，秀吉將景勝從越後改封至陸奧會津（現在的福島縣會津地方）一百二十萬石，特別命令將米澤三十萬石交給兼續。

這是秀吉為了牽制上杉家所做出的籌謀。秀吉並未全然信任景勝，他希望用兼續來牽制景勝。這時只要兼續願意，他可以直接追隨秀吉，以大名的身分與景勝競爭。然而兼續卻沒有這樣的私心，無論到哪裡都是景勝的臣子，甘願擔任上杉家的宰相。

景勝改封會津的那一年八月，秀吉留下年幼的繼承者秀賴過世（享年六十二、三）。這時展現奪取天下野心的人是德川家康。他為了在奪取天下的時候沒有後顧之憂，於是故意誣陷五大老之一的上杉景勝有謀反之意，準備出兵討伐。

他已經用同樣的手段逼迫前田利家死後的前田家屈服。

家康準備將「五大老」逐個擊破。

家康命景勝上洛，他並沒有奉命。據說兼續就是在這個時候向家康發出了知名的宣戰書「直江狀」。

筆者一直認為這個「直江狀」是後世偽造的書信，然而最後一句的「內府(家康)或中納言(秀忠)將要前來(會津)，一切等到那時再說。」卻如實表現了兼續當時的心情。家康或嗣子秀忠終將會進攻會津，所有事情等到那時候再分個高低。透過正大光明的戰役，兼續有信心可以擊敗家康。

那麼，這時的兼續準備如何迎戰家康的軍隊呢？又制定了那些戰略和戰術呢？根據《名將言行錄》等記載，他們的計畫是將家康軍引誘到主戰場(例如革籠原)後，三面埋伏的上杉主力軍再來個迎頭痛擊，一舉拿下德川軍。

敵軍進入領地後立刻痛擊的速戰法是上杉家自謙信以來一貫的戰法。戰國的猛兵——越後的上杉軍，自謙信以來保持接近無敗的勝率，因此這個戰法絕非僅是紙上談兵。

痛擊家康的同時，若上方軍(石田三成)舉兵，那麼家康的劣勢便無法挽回。實際上的關原之戰便是如此，兵力數擁有優勢的西軍原本應該可以掌握勝機。

然而，三成舉兵的時機比兼續想像中要早了許多。為此，原本應該經由白河進攻的家康在下野國的小山(現在的栃木縣小山市)便退兵。

就算如此，兼續依舊不為所動。家康的舉動在他的意料之中，他早已想好了有效的因應對策。

隨時準備應戰的無敵越後軍從白河口進攻，追擊家康軍。就算是孤注一擲，但只要能夠痛擊家康軍，讓他們回頭應戰，爭取時間，那麼就可以和西軍的石田三成形成夾擊的態勢。

謹遵主命

整裝待發的上杉軍當然應該追擊長途奔波的家康軍。

然而，不知為何，上杉軍卻按兵不動，靜觀其變。這對軍師兼續而言是完全無法想像的狀態。

「趁人之危非上杉兵法。」

至今為止從來沒有和兼續有過不同意見的主上景勝，卻在這時候說話了，提出了謙信的戰爭美學──「為戰勝而不戰」。

兼續努力說服主上景勝。如果現在不出兵攻打家康，那麼之後被攻打的就是上杉家。下一次家康再出現的時候，上杉家就完全沒有贏面。

然而，景勝終究沒有改變心意。兼續無可奈何，只好規劃次佳的計謀，也就是讓上杉家永世中立。兼續的想法是「中世最大的內亂＝應仁之亂，共持續了十年。因此，就算家康戰勝三成，奪取天下，也需要一段時間才會進攻過來。在此之前，只要規劃擴大領土，在『奧州版關原之戰』中獲勝……。」

然而，前所未聞地，這場「決定天下之戰」僅僅耗時一日就定輸贏。

兼續的計畫也全部付諸流水。

兼續在關閉國境，與四方而來的家康派大名抗戰的同時，秘密進行外交交涉，嘗試尋找有尊嚴投降、維持和平的可能性。這一切都是為了保全主家的社稷。

他透過與家康的宿老——本多佐渡守正信交好，收正信的次子政重為直江家的養子，讓政重之子成為上杉家的繼承人（《本多家譜》），希望藉此保全上杉家。

最後，上杉家遭到減封，一百二十萬石中只剩下原本屬於兼續的米澤藩三十萬石，雖然領地大幅減少，但總算得以在德川幕藩體制下生存。

關原之戰後，兼續獲准拜見家康，據說家康像是在緬懷過去的日子般說道：

「以寡兵而不恐動（害怕動搖），讓功名而不爭進（爭取上進），期最後必勝者，非山城（兼續）則不能為。」

從中可以看出家康非常在意兼續的存在。

兼續在上杉家移封米澤的時候，雖然沒有去追那些離開上杉家另謀官職的牢人，但身為舊臣，他並沒有離去。藩領地剩下過去的四分之一，取用謙信儲存的軍用金，整體的俸祿也只有過去的三分之一。雖然減俸，但他依舊恪守崗位，與上杉家共度難關。

兼續一生都沒有提及關原之戰，唯有留下一首詩。

雪夜圍爐情更長

吟遊相會古今忘
江南良策求無處
柴火煙中煨芋香（原文為漢文）

在大雪紛紛的夜晚，與情投意合的詩友暢談，忘去現在的時局，只有思緒愈來愈深。自己謀劃的起死回生大計不被採納，如今也就不要再去想了。和友人一起烤芋頭，沉浸在芋頭的香氣當中。

兼續之後繼續輔佐景勝，默默地專心打理領國的事物。

「武士魂之刀槍，只要沒有生鏽，還有什麼可羞恥的……。」

節約財政，獎勵多種產業（特產品）生產等，這些政策成功地讓表面石高三十萬石的米澤藩上杉家成為了實際收入五十萬石的藩。

也就是說，被減到只剩四分之一的石高，實際恢復到接近過去二分之一的水準。

另一方面，兼續花了很多自己的積蓄購買漢籍，慶長十二年（一六〇七），發行《文選》十卷，為文化事業做出貢獻。另外也出版了《論語》等。

元和四年（一六一八），在領內建立禪林寺（之後的法泉寺），召集學僧九山為開山祖師，將這裡當作藩內子弟的教育機構，提倡藩學。

學識名滿天下的學者藤原惺窩關於兼續的第一印象，曾說道：

「正如世人所云，天下第一奸雄。然而其器量，亦是天下第一。」

另一方面，離開上杉家另謀官職的門田造酒之丞，回想起兼續時曾經說道：

「直江山城守是一個大漢，可以抵擋百人（誇飾），同時也是學問與詩歌的能手，是兼具才智和武道的武將。就算是與全天下的御仕置相比，也是少見的仁體（仁德兼備的人品）」（《常山紀談》）。

直江山城守兼續也許沒有織田信長、豐臣秀吉、德川家康等人有名，但說到戰國大名之中，不受利害得失左右，行事處世秉持「義」和「忠」的仁者那又如何呢？除了上杉謙信、石田三成、大谷吉繼之外，當屬直江兼續。

他沒有推翻主上景勝的決斷，也沒有用武力堅持己見。

如果說他沒有抓緊改變歷史的機會，那麼他唯一的罪名就是沒有下剋上，他可說是因為仁義而敗北。這真是一個無解的難題。

「歌舞伎者」復仇的真相

——赤穗藩，大石內藏助良雄

史實與文學的差異

赤穗浪士復仇的故事被譽為是「武士道的巔峰」，代表了日本人的美學，到了二十一世紀的今天依舊為人所稱頌。

然而，「忠臣藏」的家譜是由淨琉璃的《假名手本忠臣藏》和之後的戲劇與文學所流傳下來的，並不完全符合史實。

當中與史實最大的出入在於，一直以來為人所推崇的中世紀起的封建精神、「忠義」＝「君君臣臣」等「獻身的道德和其傳統」（和辻哲郎），其實是為了保存對社會的面子而做出的行為。赤穗浪士的復仇並非出自於忠義，而是為了參加者的面子而舉兵。

元祿十四年（一七〇一）三月十四日上午九時半，在江戶城松之廊下，擔任敕使饗應役的赤穗藩（五萬三千石）藩主**淺野內匠頭長矩**（三十五歲），突然對著稱得上是他禮法之師的高家筆頭吉良上野介義央（六十三歲）大吼：

「還記得上一次的過節嗎？」

突然拔劍朝吉良義央砍了過去。

第一刀砍傷了額頭，第二刀砍向了右肩。這時，大奧的留守居番役梶川與惣兵衛趕了過來，一把抱住淺野長矩，事態才沒有繼續擴大。

然而，不看場合就任意出手傷人的淺野長矩，當天就被命令切腹自殺。然而，受傷的吉良義央不但沒有受到責備，甚至還獲到將軍德川綱吉的讚美。

赤穗藩的首席家老（一千五百石）**大石內藏助良雄**（四十四歲）與四十六名舊藩士商議，約莫一年半後的十二月十五日，取下了吉良義央的首級。

許多小說當中都將這一個故事當作是為主上復仇的美談。

然而，細看這四十七人名單，會發現許多不可思議的事。

當時統領赤穗藩（家中二百七十餘人）的四名家老當中，為什麼只有內藏助參加了復仇計畫呢？另外，家老下的五名組長，並不是每一個人都闖進了吉良府邸。

也就是說，上級藩士當中，只有「家老」內藏助一人參與了復仇。

接下來，可說是赤穗浪士主力的足輕頭、馬迴層級的藩士又如何呢？共有吉田忠左衛門兼亮（郡代，兼任足輕頭，六十三歲）、原惣右衛門元辰（足輕頭，五十五歲）等十九人參加。

他們在戰場上主要擔任的是保護主上馬匹的工作。因此可以理解他們為什麼參加復仇。

然而，讓人覺得不解的是除了他們之外，另外有一大群中小姓等官階低微的人參加。

從二十五石五人扶持的大高源五忠雄（三十一歲），到三兩二分二人扶持的足輕寺坂吉衛門信行（年齡眾說紛紜），共約十八人。每一個人的身分和年齡各不相同，和主上的親疏關係也不相同，對於主上的情感當然也不相同。這批人恐怕沒有見過淺野長矩，甚至沒聽過他的聲音，但他們卻參加了復仇。

至今為止有許多人都認為，「正因如此他們才是忠義之士」。

那麼，在赤穗浪士復仇前一年，發生了在經過激烈「爭吵」後，十名鍋島藩士被命令切腹，九名遭到流放的事件，不知道讀者們會如何看待呢？

另一個忠臣藏「深堀義士」

元祿十三年（一七〇〇）十二月二十日，旁系深堀領主鍋島安藝守茂久的家來深堀三右衛門（六十九歲）和志波原武右衛門（五十九歲）負責當天佐賀藩的長崎勤務。他們在雪地裡遇到了長崎町年寄高木彥右衛門家的中間惣內，雙方因為泥土濺起而發生了口角。爭吵當中，藩士二人毆打了中間惣內。

大石內藏助良雄

被打的中間惣內報上自己的身分後，表明還會回來，便與同行人離去了。三右衛門和武右衛門不知道為何，二人並沒有離開，留在現場等惣內。然而惣內並沒有出現，二人只好回府。

事情就發生在那一天夜裡。

惣內帶著手持棍棒的同夥十人，在二人府邸門前挑釁。三右衛門和武右衛門不顧周圍的阻攔衝出門外，但這次的形勢與之前相反。二人的刀被奪，又被狠狠地教訓了一頓。然而，事情還沒有結束。

由於刀被奪，二人於是派人去藩裡取備用刀。這時三右門之子嘉右衛門（十六歲）和武右衛門的僕人趕到長崎。四人會合後前往長崎年寄的高木府邸尋仇，但高木家的人始終不開門。

其實高木彥右衛門此時正在和佐賀藩商量，約定將中間惣內交給鍋島家處置。然而，聽聞這場風波的二家親戚集結到了長崎，不容許主家的門戶任人踐踏。十二名武士等到天一亮，便衝入了高木府邸。

他們殺入府內，關起門來將人困住，斬斷玄關旁的弓弦，進入屋內，斬殺了包括彥右衛門、惣內在內的十多人。燒了府邸後三右衛門當場自盡，武右衛門則走出大門後切腹。

同時間，陸陸續續有更多的藩士從深堀趕往長崎，但這些人沒有參與爭鬥。他們到達現場後，帶回了切腹自盡的二人的首級。

幕府對於這場風波最終的判決是，當初尋仇的十人全部切腹，後來趕到的九人被流放五島。

耐人尋味的是，當中間惣內帶人挑釁之後，鍋島藩的高層為了怕被幕府追究責任，於是與長崎的地方年寄高木彥右衛門商議，希望可以大事化小，然而參與復仇的所有人卻沒有察覺到這一層用心。

而沒有參與復仇的藩士卻也因為來遲了而感到羞辱，覺得沒臉回國而切腹。

也就是說，身為武士，他們非常注重面對社會和親戚時自己的面子。

「忠臣藏」的真相

冷靜想想，這一樁像小孩子一般的「吵架」事件，結黨的藩士們卻因為自己的一口氣和面子，襲擊了地方年寄的宅邸，殺死了許多人。

然而，幕府認為惣內首先帶人前往藩邸挑釁，被殺也是應該的。

藩內也稱讚他們為「深堀義士」。被殺害的彥右衛門家倖存的八名也被問罪而遭到斬殺。高木彥右衛門之子彥八雖然跟這件事沒有一點關係，卻也被沒收家產後流放。

無論是誰都必須接受時代的制約。

這些「深堀義士」就像是五十年前的「歌舞伎者[1]」。他們重視「武士道」的勇氣、用生命賭上「臉上」的體面，遭到「挑釁」就一定要正面迎擊。就算是主上的命令，如果無法接受則抗命。這些人跳脫封建制的主從關係，擁有不同於一般人的情感。

「歌舞伎者」原本是從戰國時代以在戰爭中取勝為唯一信仰的武士精神所衍生而來的。為了勝利，就算放棄自己的生命、地位、財產，以及其他所有一切也在所不惜。在武家社會裡，這種精神可說是「忠義」的支柱。

到了沒有戰爭的太平之世，由於沒有用武之地，再加上文吏，也就是官僚型武士的興起，只會打仗的武士失去了他們存在的意義，這些人於是發生了「殉死」的風潮。

令人不敢相信的是，地位愈低的武士，為主上殉死的意願愈強烈，從旁看來，這可說是一種陶醉在自己世界裡的現象。

然而，寬文三年（一六六三），四代將軍德川家綱將禁止「殉死」制度化，五代將軍德川綱吉也將禁令加入了「武家諸法度」中。家臣如果殉死，則會滅掉整個藩。在這樣的威脅之下，「殉死」的情形消失，但這種「歌舞伎者」的特質卻代代相傳，成為武士的一部分，無法捨去「殉死」的念頭。

赤穗浪士其中之一的安兵衛曾經如此說道：

「主人不公平地被迫切腹，上野介（吉良義央）倖存，交城則無顏面對任何人。（中略）若想要找回面子，討回公道，不得已時，出城後，在內匠頭（淺野長矩）菩提所花岳寺，有志之人皆應追腹。」

由於幕府不公平的判決而必須開城，無顏面對任何人。他的意思也就是說，身為一個武士，這是一件非常沒有面子的事。如果要臉面，則只能追腹（殉死）。換句話說，對於安兵衛而言，並不僅僅單純是為主人復仇，如何讓自己有臉面對社會大眾，是一件非常重要的事。

這不是安兵衛自己想出的道理，而是四十七人共同的心聲，而領頭的「歌舞伎者」大石內藏助正是這種情感最大的體現者。

內藏助是世襲的家老，但當時無論是在鹽田的經營或是財政改革上，帶領整個藩的是一代家老大野九郎兵衛。內藏助無用武之地，還被人嘲笑是「晝行燈[2]」。然而，就在這時，主上意外遭到上野介的挑釁。

而且，不顧喧嘩兩成敗[3]的規定，幕府並沒有責罰上野介。這對赤穗武士而言是非常沒面子的事，此時內藏助終於意識到了自己該做的事。

能夠幫主上討回公道的除了這個世襲且擁有「歌舞伎者」精神的家老外別無他人。

既然要討公道，那麼如果不能勝利就沒有意義。若僅是有勇無謀的三五藩士衝進吉良府報仇，如果失敗了，那等於是替赤穗武士丟臉。

順著開城、重建淺野家和長臉面的順序，內藏助在上野介的身邊等待時機。復仇過程中，從他在祇園、島原、伏見等地的豪遊，也可以看出他「歌舞伎者」的特質。他不是為了蒙蔽幕府的目光，而是希望世間看到他脫韁的一面。

內藏助成功復仇，被後世人稱為「名家老」，成為了「忠臣藏」的主角。

1 戰國時代末期至江戶時代初期的社會風潮。這些人標新立異，不走尋常路。

2 白天不需要點燈，意指無用。

3 只要起衝突，不論對錯，雙方都必須受罰。

率領西鄉和大久保的宰相
——薩摩藩，小松帶刀

鮮為人知的英雄

說到「維新三傑」，帶領明治維新(回天運動)的主要人物中，以出身薩摩藩的西鄉隆盛、大久保利通，以及出身長州藩的木戶孝允(舊名為桂小五郎)的三人最有名。

讀者當中也許有人會推舉出身土佐藩鄉士的坂本龍馬和中岡慎太郎。

然而，從維新史的發展看來，筆者認為有一人與「維新三傑」並列，功勞甚至在他們之上。這個人就是「名家老」——**小松帶刀**。

他才是幕府末期薩摩藩最強的家老，也就是「名宰相」。

帶刀的功績在於善用自己的部下西鄉和大久保，將他們的力量發揮到十二分，如果這個人沒有在明治三年(一八七〇)三十六歲時早逝，那麼維新後新政府的發展應該大不相同。如果帶刀在世的話，也許可以事前預防西鄉的下鄉和之後的西南戰爭。

筆者一直認為，小松帶刀是唯一一個能夠讓西鄉和大久保和解的人。一個人的死竟然會對日本的歷史造成如此大的影響，這是非常少見的例子。

也因此，看到現代人幾乎忘記了這個人物的名字，筆者打從心裡覺得不勝唏噓。

正如他手下的西鄉和大久保，帶刀是一個非常清廉潔白的人。安政五年（一八五八）三月朔日，他自稱「帶刀清廉」。

如果世上沒有帶刀這一個人，那麼恐怕薩長同盟不會成立，西鄉和大久保也不可能有之後卓越的表現。

——所有的一切都來自於他良好的出身。

帶刀生於天保六年（一八三五）十月十四日，是薩摩藩喜入領主肝付主殿兼善的第三子，幼名為肝付尚五郎。在幕末維新時期有出色表現的薩摩藩士多半是下層武士，帶刀卻是出自薩摩藩屈指的名門。

薩摩藩以藩主為頂點，將藩士區分為七個等級。最上位的「御一門」是擁有一萬石以上的藩主家分支，共有重富、加治木、垂水、今和泉（天璋院篤姬的娘家）四家，可以把他們想做是德川家的「御三家」。下面第二個層級的「一所持」（共有二十一家）擁有一鄉一村，管轄一定的土地和士民，而帶刀家便是屬於這個層級。

帶刀十歲時被允許拜見當時的藩主齊興，從中可以看出他們家的地位之高。

文武方面，由於帶刀體弱多病，因此從小就是一個喜歡讀書的少年，喜儒學，號「觀瀾」、

「香雪齋」。同時也學習歌學，是有名的琵琶高手，從小就對政治非常有興趣。

有時他會前往湯治[1]，與泡溫泉的人聊天，藉此了解民情。

一開始官拜御小姓，二十一歲時成為奧小姓，擔任近習番[2]。雖然僅有四個月的時間，被認為是明君的藩主齊彬正好在江戶執行政務。

帶刀在安政三年首度站上歷史的舞台。這一年，帶刀進入同等身分、擔任吉利領主的小松家當養子。前代＝第二十八代的小松清猷曾擔任琉球使節，但於二十九歲時病逝。帶刀成為了小松清猷的妹妹阿近的上門女婿。「一所持」是屬於只要有實力就可以成為家老的家世，二十二歲的帶刀繼承小松家，二年後的三月，更名為「**小松帶刀清廉**」。

於此同時，藩主齊彬突然去世，由他異母弟，也就是久光之子忠義繼任藩主，而久光以「國父」之姿，實際掌握藩政大權。帶刀當上當頭番兼奏者番，在難伺候的久光身邊，逐漸展露頭角。

小松帶刀

在這個過程中，帶刀認識了大久保一藏（後來的利通），且前往長崎研究電氣和水雷等，當上御側役後，又在二十七歲的時候被任命為「御改革方和御內用掛」。

文久二年（一八六二），帶刀當上伊作地地頭，在經歷過大番頭一職後又當上了老吟味（見習），十二月二十四日，成為了藩主左右手的的家老。這時候的帶刀二十八歲。當時的國家正搖擺於尊皇攘夷和開國佐幕之間。

帶刀成為了薩摩藩實質上的「宰相」，之後取得久光的信任，直到明治維新為止，執掌藩政。他主要負責軍備、財政、教育，尤其注重藩政改革和人才任用。同時，具體計畫久光的武裝上洛，幕政改革的執行也是出自帶刀之手。

在經歷寺田屋事件、生麥事件、薩英戰爭後，帶刀名震天下。

「島津的小松，又或者是小松的島津。」

天下所有的有志之士都非常欽慕這一號人物。這時帶刀二十九歲。

薩摩藩的中樑砥柱

帶刀在迎接幕末終點的元治元年（一八六四）停留在京都藩邸，代表薩摩藩和朝廷、幕府交涉，在當地經歷了池田屋事件和禁門之變。

帶刀勞心勞力的程度可想而知。帶刀的部下西鄉是禁門之變的戰鬥指揮，他請短暫回藩的帶刀捎信給同在薩摩藩的大久保，請他盡早回京。

「前略。將軍（十四代家茂）這次有可能上洛，而涉海（兵庫港）也有異人（洋人）入侵之說，大難臨頭，還請大夫（帶刀）傳達，望君盡早回京。」

忙碌的帶刀除了是政局和外交上的主角之外，同時也是推動軍備洋化的負責人，為了執行這項任務，首先必須穩固財政基礎。他負責的範圍非常廣大，同時也必須摸索未來的日本該何去何從。

與脫離土佐藩的坂本龍馬相識之後，帶刀在元治二年三月九日「神戶海軍操練所」廢止之後，收留了在鄰近私塾當任校長的龍馬和脫離土佐藩的技術藩士。帶刀的計畫是善用龍馬他們的海軍技術，讓他們從事海運和貿易業。

為此，帶刀與他們一同前往長崎，在龜山提供宿舍給這些土佐人居住。這就是後來「海援隊」的雛型——「龜山社中」。

在帶刀的協助之下，坂本龍馬為了讓過去水火不容的薩摩藩和長州藩結盟而四處奔走。另一方面，認為第一次長州征伐還不夠的幕府決定繼續第二次長州征伐，而帶刀持反對的意見。

「此戰師出無名，因此拒絕出兵。」

帶刀一方面扯幕府後腿，另一方面在慶應二年（一八六六）正月二十一日，於京都自己的私宅內，促成了薩長聯盟的簽訂。在這個同盟的會議上最不可或缺的人物就是帶刀。

三十二歲的宰相面對的是一件又一件的難題。同年後半，由於船隻沉沒，「龜山社中」的經營陷入危機，這時給予龍馬資金援助的人也是帶刀。

龍馬在給姐姐女兒的書信當中如此寫道：

「去年正當為七千八百兩發愁的時候，薩州一個名為小松帶刀的人解了我的燃眉之急，就好像是神或佛一樣。」

對於龍馬而言，帶刀是他的伯樂，也是他的後盾。

對於薩摩藩而言，帶刀更是舉足輕重的重要人物。

西鄉和大久保這些下層武士，正因為有出身名門的上司帶刀庇護，他們才能夠有如此傑出的表現。土佐藩當中就沒有像帶刀這樣的人。為此，土佐藩上層和下層藩士的爭鬥不斷，許多人也因此而喪失了寶貴的生命。

從支援「龜山社中」到派遣薩摩藩留學生前往英國，一直沒時間喘氣的帶刀於慶應元年二月從京都出發，三月回到鹿兒島，在霧島的榮之尾溫泉療養。

這時，包括回國的西鄉、龍馬和他的妻子阿龍都陪伴一同前往。西鄉和龍馬就是在這個時候登上高千穗。

帶刀繁忙的工作還不只如此，在英國商人哥拉巴的幫助之下，成功促成英國大使巴夏禮在薩摩停留。第二次長州征戰時，幕府的戰敗背後也有帶刀的助力。

明顯過多的工作侵蝕了帶刀的身體。原本就體弱多病的帶刀受腳痛所擾，雖然前往霧島硫磺谷溫泉療養，但也只不過是一時的放鬆。

清廉潔白之士

慶應三年（一八六七）正月，帶刀終於成為城代家老，開始具體計畫討伐幕府。另一方面，為了負擔不斷膨脹的軍費，成立了名為「大和交易」的公司，加強貿易。帶刀甚至還指揮了從大政奉還到薩摩兵出京的準備，但他的病終於嚴重到無法行走，戊辰戰爭時不得不留在薩摩藩。

代理他職位的人正是西鄉和大久保。

帶刀雖然因病休養，但從戰爭中開始的新政府依舊任命他為參謀，命他擔任外國事務。與帶刀熟識的英國外交官埃內斯特・薩托曾經如此說道：

「小松是我認識的日本人當中最有魅力的人物。雖然是家老，但他不像是那個階層的人，非常具有政治才能，姿態勝過他人。他同時非常有人情味，這一點讓他比其他人更傑出」（摘自《外交官所見的明治維新》）。

遷都東京後，新政府苦苦哀求帶刀擔任「玄蕃頭」（相當於今日的外交部長），主掌外交和財政。然而，他的病況卻沒有好轉的跡象。

明治二年，三十五歲的帶刀從京都回到薩摩藩進行藩政改革，等到藩政上軌道之後，他自知自己的病很難復原，於是在五月十三日辭官，二日後才好不容易獲准。

翌年五月，帶刀寫下遺書，接受大坂醫學醫院教師鮑德因的治療，七月二十日於大坂辭世，享年三十六歲。關於帶刀的死因眾說紛紜。

小松家的家譜為三十代清直、三十一代帶刀（伯爵）、三十二代重春，三十三代由西鄉從道（隆盛的親弟弟）的四子西鄉從志繼承，血脈一直延續到現在。

《孟子》：「有所不為，而後有為。」

不可為之事絕不可為。反之亦同。唯有不隨波逐流、阿諛諂媚的有義之人才能成大事。簡單來說也就是「清廉」。

在幕末維新之時，小松帶刀可說是徹底力行此一道理。

如果幕府末期薩摩藩沒有出現這一位「名家老」，那麼日本是否還會迎來明治維新呢？

1 在溫泉地停留一段時間，進行溫泉療養。

2 伺候在主公身旁的職位。

背負弱小藩悲哀的「名家老」

——天童藩，吉田大八

在先祖信長的引領下成為奧羽鎮撫使前導

「歲寒，然後知松柏之後凋也。」

論語中有這麼一段話。

到了冬天才會知道松柏的堅毅。

孔子想說的是，人也相同。只有在遭遇大事的時候才會看出一個人真正的價值。「後凋」指的是不會凋零。

看到這一句話，筆者想起一個幾乎沒有名氣的人物。

這個人就是幕末出羽天童藩二萬石的中老（事實上擔任的是家老的工作）**吉田大八**。

下面聽我一一道來。

戰國時代，打著「天下布武[1]」旗號的織田信長和他的嗣子信忠一起在本能寺之變中橫死。

之後，信長的第三子信孝與柴田勝家聯手對抗羽柴（之後的豐臣）卻不幸敗北，被異母兄長的信雄逼迫切腹。

非常諷刺地，最平庸愚昧的信長次子信雄，成為了織田家的嫡流。因為父親的光環讓信雄在尾張清洲（現在的愛知縣清須市）領有百石，不久後發現織田家原來是被秀吉所篡奪。從中便可以看出信雄的糊塗。

考慮到自己的實力，如果就此打住的話也就算了，但信雄卻在一怒之下拜託父親的盟友德川家康，決定與秀吉交戰。

世間將這場戰爭稱為「小牧長久手之戰」。包括前哨戰在內，家康共二度大敗秀吉的大軍，但最先主戰的信雄卻中途變卦，與秀吉握手言和。

信雄就是這麼一號人物。家康也不得不收兵。

之後，秀吉一統天下，沒收了信雄的領地後流放，等到家康奪取天下後救濟信雄，給了他五萬石的領土。

然而，到了信雄的嫡孫信昌這一代，五萬石中有三萬石被高長（信雄之子，信昌的叔父）強佔，「名門」織田家本家卻只剩下二萬石。之後又經過幾番波折，到了幕末的嘉永元年（一八四八），織田家終於將四散各地的土地集合起來，重新整頓成為一個藩。

面對破產的困難財政，領民們默默地種植紅花，藩士們則是專心地製造將棋用的棋子（天童駒），雖然很辛苦，但總算是支撐得下去。

慶應四年（一八六八）正月，新政府突然命令這個弱小的藩上洛。

這時候由於天童藩的藩主織田信學臥病在床，面對這個突如其來的命令，只好由後嗣織田信敏帶著家老津田勘解由、中老吉田大八急忙上京。這時，等待他的的是「擔任奥羽鎮撫使前導」這個破天荒的命令。

這個命令出乎信敏等人的意料。僅有二萬石的天童藩根本不可能帶領官軍打頭陣。被這個無理要求嚇到的信敏主從怯怯地問道：「為什麼是我們家呢？」而新政府的見解卻是簡單明瞭。

「你們是右府（右大臣）織田信長公的後裔，應該由你們討伐德川方的奥州諸藩。」

聽到這樣回答的信敏主從，簡直不敢相信自己的耳朵。

原來如此。他們是差一步就可以完成「天下布武」、戰國霸者的後裔。但他們如今不過是一個二萬石的弱小藩，要如何與仙台藩六十二萬石、盛岡藩二十萬石、會津藩三十三萬石、秋田藩二十五萬五千石、米澤藩十八萬石、庄內藩十七萬石等大藩對抗呢？天童藩織田家的家臣總數也不過一百九十二名（萬延元年〈一八六〇〉現在）。

這是絕不可能的事。然而，他們也無力違抗官軍（新政府）的命令。

「因為先祖信長而如此看重織田家，戒慎惶恐。深表感謝，誠惶誠恐領命。」

家老津田勘解由如此回答，並提出，由於世子信敏（慶應四年〈一八六八〉三月繼承家督）年紀尚輕，由吉田大八代理的要求。

「前導代理」成為了大八的職稱，這時的他三十八歲。

小國的正論無法傳達

大八願意防守二萬石可以負擔的範圍，但對於打頭陣的他們，後面等著的是奥州戰爭，沒有人知道會發生什麼事。

大八出生於天保二年（一八三一）正月十五日，諱守隆，通稱大八。拜江戶主張王道斥霸[2]學說的安積艮齋為師。雖然身處小藩，但他是一個很有風骨的人，有不少其他藩的人都知道他的名聲。大八心中只有一個想法，那就是盡量避免消耗天童藩士，有多少實力做多少事，在混亂中保全天童藩。

然而，慶應三年（一八六七）末的御用盜事件（薩摩激進派在江戶放火、殺人、強盜事件）後，庄內藩對於薩摩藩的憎恨愈來愈深，突然向由官軍前導天童藩擔任守衛的出羽國村山郡（現在的山形縣村山市）進軍。對於庄內藩而言，十五代將軍德川慶喜論功行賞，將幕府天領七萬四千石賜給了酒井家，而他們只是前來領取貢米，理由再正當不過。然而，這時已經進駐仙台的新政府奥羽鎮撫總督府卻認為這是對新任府的挑釁。

「朝廷弓箭所及之所，絕不允許靠近。」

於是官軍也出兵反擊。大八擔心再這麼下去會有許多天童的藩士犧牲，於是開始試圖說服庄內藩。然而，官軍方認為這是被禁止的秘密工作，而庄內藩方也認為大八是官軍的間諜，可憐的大八兩邊樹敵。

就算如此，大八還是繼續說服仙台藩，他的這些行動卻招致周圍懷疑的目光。這時，大八最不願見到的戰爭開打，勢如破竹的庄內藩逼得官軍後退，並趁勝追擊朝向天童藩領（村山郡）進軍，展開了擄掠的暴行。

當中最慘的是，一千名賭徒被編入了庄內藩兵，這群無賴漢放火搶劫，天童藩陷入一片火海，被稱作「御殿」的藩主宅邸（非城廓）也慘遭毒手。二萬石的大名當然沒有城廓。

另一方面的庄內藩是奧州擁有最完善現代兵器的藩，根據史實，他們在奧州戰爭中幾乎留下不敗的記錄。

這場攻防戰就如同是拿一袋土就想擋住洪水一般，抵擋不住的天童藩兵開始遁逃。

「不要因為是小藩就自亂陣腳。」

大八這時候人在最前線的窪野目村（現在的山形縣天童市漥野目），被庄內藩兵斷了後路，在為數眾多的敵軍中慘遭孤立。不得已之下只好沿著山路退到楯岡（現在的山形縣村山市楯岡），這種情況下就連大八都無計可施。

正準備將天童藩拱手讓人的時候，庄內兵在天童慘無人道的行為傳到了庄內藩主酒井忠篤的耳裡，由於情況太過慘烈，忠篤盛怒，在他的命令之下，藩兵（包括那群無賴漢）終於撤軍。然而，天童的藩士們無力保衛自己的領地是不爭的事實。

失去家人、家產被奪、土地被燒的領民們對於這些無能的藩士有的只是憤怒和輕視。弱者沒有發言權，只因為弱小就遭到強者的踐踏，就好像一隻小蟲一般……。

不應該如此。

生活在天童的藩士們心中不平，這股無處可撒的怒氣和悲憤、嘆息，全都轉嫁到了大八身上。

「這也是沒辦法的事。」

如果問大八，他恐怕會如此笑答吧。他就是這麼樣的一號人物。

天童落難的閏四月四日，米澤和仙台兩藩的家老送了一封書信給奧羽越列藩的高層們。

「這個十一日，在白石舉行列藩會議。」

召集了同盟的各藩。

大藩只要聯合起來振臂一呼，則中小藩也會跟著參加。

高壓對待奧州諸藩的奧羽鎮撫總督府參謀世良修藏（長州藩士）遭到斬殺（閏四月二十日），接著在二十三日的白石，以及五月三日的仙台，奧羽越列藩共三十一藩，向新政府提出了赦免會津和庄內兩藩的請願書。

小國家老負起責任的方式

面對列藩結成的同盟，天童藩又是如何應對的呢？新政府對於這樣的情勢想必是感到大事不妙。新政府雖然撥了金一千兩給天童火災的罹難者，但天童大部分人的心都倒向了列藩同盟。閏四月十九日，天童藩召開了高層會議，決議正式辭去官軍的前導一職，大八遭到解職處分。

感受到有人要對自己不利的大八躲在交好的名主宅內。至今為止與大八並肩作戰的長州藩隊長桂太郎（之後的內閣總理大臣）察覺事態不妙，於是秘密前往大八的藏身之處，懇切地對他說：

「為了自身的安全，跟我一起去官軍的大本營吧。」

但大八卻拒絕了他的好意。

大八表示，如果自己投靠了官軍，那麼就會被認為這代表了天童藩的態度，因此絕對不可以這麼做。

然而，庄內藩卻不知道他的心意，發檄文寫道：「生擒禍首大八者賞金百兩。」

天童藩捨棄過去曾代表天童藩的大八，準備參加列藩同盟。

「所有的一切都是當家吉田大八的不自量力惹的禍。雖然已命他禁閉，但視情況對他處以嚴刑。」

家老津田勘解由和長井廣記拜託米澤藩向同盟諸藩謝罪，乞求原諒。

對此，庄內藩執意要求天童藩交出大八。天童藩再怎麼樣也不能出賣自藩的「中老」，但這麼下去天童藩織田家將會灰飛煙滅。

不知所措的高層們對於大八下的結論是：

「對不起，請你自裁。」

大八既吃驚又憤怒，嘆了一口氣，拒絕了這項要求。

之後，大八親自前往山形的同盟會議所，自願被捕。在天童藩家老高澤茂左衛門列席之下，米澤、山形、仙台等列藩諸士開始對大八進行偵訊。

奧羽越列藩同盟準備殺大八血祭，但面對闡述小國正論的大八，大家怎麼樣也下不了手。結果，列藩同盟將大八交給天童藩處置。

六月十七日，大八被當作囚犯送回故鄉，當晚寫下了給母親的遺書。

請恕孩兒不孝，先走一步。這話由我說出雖然有些僭越，但有年紀之人執著於財物是有違世間常理的事，會遭到出入家中各位的疏遠，還請特別留意。

另外，今後阿縫如果遇到有緣人，只要是她中意之人，還懇請遂了她的心願。

見不到阿縫是我心中的遺憾。

死期將至，就此草草擱筆。

翌十八日，大八自刃而死，享年三十八歲。

大八以死擔起天童領內遭燒盡的罪名，向藩士和領民謝罪。奧羽越列藩同盟之後屢屢被新政府軍擊敗、投降。天童藩也於九月十五日投降。如果大八能在這個世上再活久一點，那麼他的命運也許會不同。或者會被冠上「家老」之名，但最終依舊逃不過切腹的命運。

那是因為擔負鎮輔使前導名譽的主上織田兵部大輔信敏是朝廷的敵人。

「沒收二千石。」

原本就只有二萬石的領地變成了一萬八千石，信敏被迫隱居。

順道一提，織田家到了明治時期，曾送少數人才前往中央，其中一人就是大八的得意門生宮城浩藏。他是日本黎明時期的法界人士，也是後來的明治法律學校（現在的明治大學）三位創校者之一。

「法律之下人人平等。」

在陰間的大八如果聽到這句話，想必會微笑吧。

1 以武家的政權來支配天下。

2 尊王思想。尊崇以德治國的王道，排除以武力治國的霸道。

另一種明治維新的可能性

——仙台藩，伊達邦成

悲劇的藩主

——過去二十幾年，一直有一個我特別在意的人物。

這個人就是**伊達邦成**。知道這個名字的人，想必其歷史造詣一定非常深。筆者一直以為，自明治維新以來至二十一世紀現在為止，日本的方向性都是「富國強兵」和「殖產興業」。然而，在幕末明治時期，有一個人摸索出了完全不同的可能性，並親自加以實踐。這個人活躍的表現值得被稱作是「名家老」。他就是伊達邦成。

「獨眼龍」伊達政宗擔任初代藩主的仙台藩伊達家六十二萬石之下有許多分支，亘理藩便是其中一個支藩。亘理藩歷代藩主皆由宗藩的宰相（家老）擔任。幕府末期，坐上亘理藩主之位的人就是邦成。

邦成出生於天保十二年（一八四一），是仙台藩另一個支藩——岩出山藩一萬四千石藩主伊達義監的次子。邦成之後成為亘理藩主伊達邦實的養子，獲得宗藩的伊達慶邦賜名「邦」，之後便開始使用「邦成」這個名字。

仙台藩是奧州的名門、北方的雄藩，在幕藩體制之下屹立不搖，但自從培里來日之後，幕府陷入末期的混亂，而仙台藩內的尊皇攘夷派和佐幕派對立，造成政局不安。

慶應三年（一八六七）十月十四日，十五代將軍德川慶喜大政奉還。

同年十二月九日，頒布王政復古的大號令。

翌慶應四年正月三日、四日，爆發了鳥羽伏見之戰。舊幕府軍遭到薩長軍擊敗。

同年正月七日，新政府頒布了慶喜追討令。

同年四月十一日，江戶無流血開城，慶喜退到水戶。

後世的人光看這些年譜，會認為新政府幾乎已經完成明治維新。

然而，對於那些被捲入時代漩渦的人而言，一切都還是一片混亂。

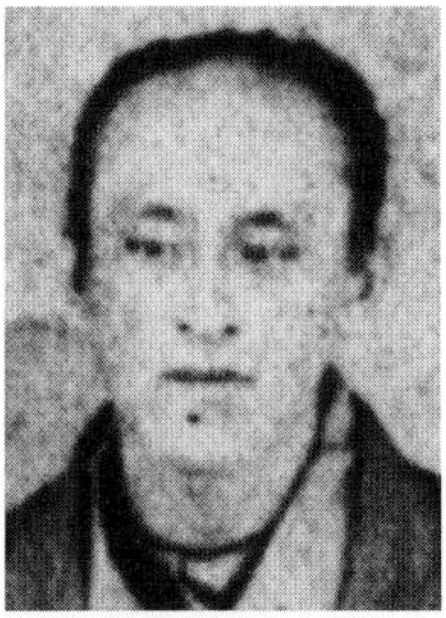

伊達邦成

官軍佔領的江戶卻是由以舊幕臣為主體的彰義隊負責維持治安。國內舉世無雙的舊幕府海軍艦隊也依舊保持沉默，鎮守品川海岸。

西日本也許是被以薩摩、長州、土佐、肥前佐賀四藩為主力的官軍壓制，但東日本卻依舊「佐幕」——大部分的藩仍然為德川家效忠。

在他們的眼中，新政府不過是西南幾個雄藩發動的政變。

在鳥羽伏見之戰中，舊幕府軍雖然被官軍擊敗，但並沒有動用到可說是幕府王牌的近代海軍和法式步兵等。也許也正因為如此，才讓他們搖擺不定。

「絕對不能推翻德川家的歷史——。」

慶應四年閏四月二十三日，奧羽各藩的代表集結，成立了列藩同盟（二十五藩）。五月三日，北越六藩加盟，成為了「奧羽越列藩同盟」。五月十五日爆發上野戰爭，彰義隊擅自將輪王寺宮公現法親王的轎子抬到了仙台藩。

彰義隊雖然敗給了官軍，但輪王寺宮是貨真價實的皇族。

從京都出發攻打江戶的官軍，是由有栖川宮熾仁親王擔任總大將。而奧羽越列藩同盟推舉的則是足以與之對抗的象徵。得到輪王寺宮後的同盟諸藩士氣大振。

這一段期間，仙台藩伊達家的宰相伊達邦成在做什麼呢？

他不斷地提倡恭順論。他主張，這時的大局已經大致底定，幕府大政奉還，就連前將軍德川慶喜都已經恭順，奧羽越諸藩又有何理由不順從呢？

如果一戰，又有多少勝算呢？既沒有近代海軍，也沒有近代陸軍。官軍手上有許多最新型的連發式槍械，但仙台藩卻只有傳統的火繩槍。

再加上官軍在薩英戰爭、長州的下關砲擊戰時皆有與歐美列強交戰的經驗，而一直處於太平盛世的仙台藩，甚至連合戰的經驗都沒有。

在無主將的情況之下，戰略和戰術也不明朗。

然而，仙台藩卻僅因為其他三十一藩皆加盟而抱著船到橋頭自然直的心情決定起兵，此舉實在是看不到未來。

邦成提出自己的主張，闡述絕對不可加入同盟，然而一心抗戰的藩士們卻被情感左右，不管邦成怎麼說也聽不進去。

「必須眼觀大局——。」

仙台藩終於決定起兵。

身為同盟軍主力的仙台藩在各個戰線抗戰，雖然在秋田口立下戰功，但在其他戰場卻是節節敗退，此時得知了同一陣線的米澤藩投降的消息。

感受到戰場現實面的殘酷，再加上盟友的投降，仙台藩終於也決定謝罪降伏。之後不久會津藩也投降。

重生的困境

十月，仙台藩主慶邦被遣送到更名為「東京」的江戶。十二月六日，仙台藩接受處分，石高被削減到只剩二十八萬石。最值得同情的是亘理藩。藩主邦成自始自終都提倡恭順論，因此受到宗藩的遷怒，原本就只有二萬三千石的領土被削減到只剩下五十八・五石（一百三十俵）。

當時，亘理藩共有一千三百六十二戶的藩士家族，總計七千八百五十四人。五十八・五石根本不可能養活這麼多人。然而，明治政府採取的是高壓制，甚至表示武士如果怕餓死的話，乾脆回去當農夫。

面對眼前的這兩種選擇，伊達邦成都拒絕了。

「我與藩士和其家族一起開拓蝦夷地（現在的北海道）。若要貫徹伊達的武士道，除此之外別無他法。」

邦成的決斷乍看之下有勇無謀。

然而，蝦夷地是國家「北門的鎖鑰」，事關北方的防禦，也就是說邦成可以保全名義上「武士應有的名譽」。如果俄羅斯南下，或是發生戰鬥，也許有機會洗刷「朝敵」的汙名。

然而，無法期望國家給予任何的支援。沒有任何一毛錢，到底怎麼樣才能開拓這一片荒野呢？邦成直到邁出第一步為止，一直苦思死裡求生的良策。

這時，邦成徵詢了舊家老田村顯允的意見，而他只說了一句話：

「我們擁有一千三百六十二戶、男女七千八百五十四名承恩世襲的舊臣。這些人就是我們的資本。」語畢後直直地注視藩主邦成。

根據顯允所言，沒有俸祿可食、沒有家可住的藩士，才是最好的資本。

這些有著必死決心的武士，就連官軍也要退避三舍。也就是說，這些人是「亘理」才有的資本，因此根本不需要害怕沒有資金。

顯允說道，就算是吃草根、靠著樹皮延續生命，我們也必須要維持武士的尊嚴。

主掌開拓的顯允四處奔走，選定移居的土地。明治二年（一八六九）蝦夷更名為北海道，顯允成功地從蝦夷行政區劃十一國、八十六郡當中，取得了相對之下雪比較少的地區。他無疑也是一位值得被稱作是「名家老」的優秀人物。

膽振國的內有珠郡，
特命支配其右一郡。　太正官（新政府）

移居的費用全由邦成他們自行負擔。他首先變賣了所有傳家的財寶，用來當作移居的費用。看到這樣的主上，藩士們也紛紛拿出私有的財產。

在移居之前，顯允先行前往領取支配地，有珠郡的土地正式成為伊達的管轄地，並用樹木當作標記，用來分辨邊境（十月十四日）。

邦成從仙台經由青森、函館（明治二年九月三十日從箱館更名函館），於十月二十日到達管轄地。之後又回到亘理，於明治三年三月二十七日率領第一批的移居者二百二十人從仙台出發。四月六日，一行人從室蘭上陸。

四月十七日開始開墾，荒野尚且被雪覆蓋，但為了不受風吹雨打，必須盡快搭建讓妻子居住的小屋。幸好山裡可以採到蕨、蕗、土當歸、胡桃、栗子、葡萄等，海裡可以撈到文蛤、昆布、海苔以及其他海鮮，川裡也可以捕到石斑魚、櫻鱒等。

然而，明治三年八月，在第二批移居者（七十二名）到達的前後，不曾有過開墾經驗的他們發現稻米和其他穀物的栽培全都失敗。

雖然事前準備的米（南京米）讓他們免於飢餓，然而，對於未來的不安與思鄉的情愁讓人心開始動搖。不僅是亘理的藩士，其他有志開拓蝦夷地的諸藩（多半是在戊辰戰爭中戰敗的藩）也都遭受挫折，許多人就此返回日本本島。

「再這麼下去不是辦法。」

成功開拓蝦夷地

在仙台處理後續事宜的邦成於明治四年二月決定率領七百八十八人親自移居蝦夷地。看到這樣的邦成，藩士和他們的家屬燃起了鬥志。像這樣藩主親自參與士族移居的例子非常少見。

明治四年的夏天和秋天，食糧不足的問題再度衝擊了亘理的移居者。邦成想盡辦法與開拓使協調，但卻也僅僅借到米七百石和金三千九百五十兩，對於苦不堪言的亘理人而言，也只是稍稍獲得喘息的機會。

到了明治四年八月，新政府取消了武士的獨立支配權，將他們編入了「民籍」，切斷了他們回復「武士名譽」的希望。

這對亘理藩士們無疑是一大打擊，邦成鼓勵那些陷入絕望與自甘墮落的藩士們，說道：

「讓我們用成果扳回一城。」

舊藩士們壓抑心中悲憤的情感，面對無數次的生活困境也互相打氣，像個高貴的武士般拚死活著。

不卑不亢，面對任何事情都團結一致，互相幫助，勇敢地生存下去。在其他從事開墾的他藩士族紛紛打退堂鼓時，只有舊亘理藩士負責的郡逐漸擴大了開墾的規模，得到了穩定的結果。

明治十四年，第九回的十八戶移居，總數約二千七百人的舊亘理藩士和其家人全部移居完畢。同十八年五月四日，當時的札幌縣獲得肯定，「冠絕北海全道，可做為其他移居的龜鑑（模範）」，舊亘理藩士申請重新「回復士族籍」。明治政府於同年七月下令允許。

鼓勵舊藩士、導入歐式農耕法的邦成於明治三十七年十一月二十九日，滿足自己當初所下的決定，為六十四年的生涯畫上了句點。

邦成等人移居的有珠郡地區成為了現在的伊達市。

支撐毛利勝永的男人

——毛利家、土佐藩，山內四郎兵衛

還有另一個「真田幸村」

歷史有時候非常偏心。

例如，很多人對大坂之陣的**真田左衛門佐幸村**（正確為信繁）很有好感。

原來如此，真田幸村於冬之陣中在大坂城的死角築起真田丸孤軍奮戰，在接下來的夏之陣中又勇猛果敢地進行突擊，準備取下德川家康的首級，將無敵的德川軍打得潰不成軍，二度讓德川家康做好了必死的準備。

然而，這次的決戰卻沒有按照大坂一方的計畫進行。有另一個「真田幸村」斷然從反方向突襲家康，留下了不亞於幸村的戰果，然而歷史上卻很少有關於這一個人的記載。

「其地位、伎倆與之（幸村）雁行（並駕齊驅），並轡相馳……。」

福本日南所著的《大阪城的七將星》中曾經如此寫道。這個人就是七將星之一的**毛利豐前守勝永**。

據日南所言，如果幸村相當於明治十年（一八七七）西南戰爭中的桐野利秋，那麼勝永無疑就是篠原國幹。

「就像利秋和國幹被稱作是（西鄉）隆盛的左右手，幸村和聖永亦是城中的雙璧。」

二人在「決定天下之戰」的關原之戰中加入了由石田三成率領的西軍，戰敗後遭到流放。勝永與父親壹岐守勝信一起被流放土佐，由土佐的國守山內一豐看管。勝永又諱吉政，也許是一族已經絕滅，因此史書上並沒有關於他生年的詳細記載。

父親勝信（又或是吉成）也和兒子同樣是個智足多謀的將領。

從豐臣秀吉還僅是織田信長手下將領的時候開始，他就跟著秀吉轉戰各地，嶄露頭角，被拔擢成為秀吉親衛隊（黃母衣眾）的一員。尤其在「中國大返還[1]」時，勝信與黑田官兵衛一起擔任殿軍，在山崎合戰和賤岳之戰中建立戰功，等到秀吉平定九州後的天正十五年（一五八七）六月，領有豐前小倉六萬石（豐前的企救、田川二郡），加上代管的土地，實質上擁有十餘萬石（官兵衛則領有豐前中津十二萬石）。

在此之前勝信的姓氏為「森」，但秀吉讓他們改姓「毛利」。

這個勝信與兒子勝永一樣都被忽略。他擔任的職位相當於九州探題，且與官兵衛同樣兼任奉行，但卻不如官兵衛為世人所知（與勝永同樣出生年不詳）。

想必是因為勝永特別有才幹，除了他父親拜領的六萬石之外，還另外領有一萬石。

關原之戰中，父親勝信被困在小倉，勝永率兵東上，參加攻打伏見城。決戰當日雖然到了約定的南宮山，但前鋒的毛利軍主力吉川廣家卻事前與東軍協商而不肯進軍，勝永的軍隊也因此動彈不得。

可說是不戰而敗。有一說，這時的勝永二十三歲。父子二人前往京都的建仁寺待罪，領土遭到沒收，且被交給了土佐藩看管。

「不會就此善罷甘休。」

留下遺憾之淚的勝信與勝永父子發誓向家康復仇，但父親勝信卻一病不起。慶長十六年（一六一一）九月於土佐過世。這部分的遭遇也與真田昌幸和幸村父子十分相似。

雖說遭到流放，但畢竟過去是一個大名，於是勝信領有救濟的一千石土地。

再加上在秀吉開闢大坂城的時候，山內一豐的宅邸與勝信相鄰，原本就是屬於吃一鍋飯的同輩。

然而，土佐的山內家人卻打從心裡懷疑勝永是不是一有機會就會進入大坂城。不知道是否因為有所察覺，勝永醉心於茶道，派遣包括窪田甚三郎等在內的少數家來前往京都和大坂尋找茶器。看到這種情況的山內家人覺得「應該不會進大坂城」，於是放下心來。然而，甚三郎與大坂城內的大野治長是表兄弟，來往密切。

為主上的心願而死

疑心病重的山內家人之所以認為勝永不會舉兵，這與從勝信時代開始就擔任毛利家家老的**山內四郎兵衛**有很大的關係。

他在毛利家改易、勝信和勝永父子遭到流放後在山內家任職，擔任二千石的馬迴，奉命監視昔日的主上。

想要逃過四郎兵衛的眼睛取得武器彈藥，並和舊臣聯絡是不可能的事。

正常來說四郎兵衛應該也會被懷疑，可想而知他是多麼耿直的一個人。

「交給他就沒錯。」

每一個人都這麼認為。

還有另外一個人在山內家當差，他就是勝永的弟弟權兵衛吉近（又或是吉通），領有二千石。他後來甚至獲賜「山內」的姓氏，接受家老的待遇。吉近可說是山內家的最後一道防線。

然而，無論是山內四郎兵衛或是山內權兵衛，他們其實都與勝永站在同一陣線（二人也許是同一號人物），想盡辦法幫助主上完成宿願。

慶長十年（一六〇五），大坂豐臣家終於與關東家康家撕破臉，一張從大坂城來的招聘書送到了勝永的手裡。

「那麼……。」

當晚，勝永秘密與妻子和舊臣商議。

「之前的關原之戰中什麼也做不了，我有一個心願，無論如何都要完成。」

然而他卻是「有口難言」（《明良洪範》）。

他的妻子對他說：

「嫁到毛利家也許是前世的因緣。到底什麼事情讓你如此猶豫不決？女人一旦嫁人，與夫君一同載浮載沉才是生存之道。如果你願意的話，告訴我你的志向吧。」

妻子的一席話讓勝永下定決心進攻大坂城。

「以吾家武士之名，讓天下知道吾家已經到了第六代。尤其要彰顯父親大人的名譽。然而，我卻被流放到這個偏僻地方，絕不可就此腐朽凋零。」

勝永強調出兵絕非他的本意。

希望歸屬秀賴公，奮力一戰，一雪關原之戰敗戰的汙名。

又說，然而，如果自己從這裡逃亡，那麼妻子一定會被捕，這是他唯一的擔心。

妻子聽完後笑說：

「你這麼說就不對了。大丈夫因為妻子而被束縛，玷汙武士之名，那才是真正的恥辱。」

還說讓勝永盡速帶著嫡子式部勝家（一說是十五歲，別名永俊）離開，重振先祖以來的家名。

這時的勝永有二個兒子，一個女兒。

有一說，他的次子鶴千代（別名藤兵衛、太郎兵衛）當時九歲，實在無法同行。

「千萬不要掛心我們這些留下的家人，知道了嗎？」

妻子再三叮囑。

他的妻子真是一個大器的女子。

「如果你戰死，我也會投身土佐的海，與你一同赴死。如果你戰勝了，那麼我們便可以重逢。」

聽到此化後的勝永大喜，帶著嫡子勝家離開了土佐。

中世紀的土佐原本就是流放地，想要乘風破浪前往大坂並不是一件容易的事。

這部分的安排由四郎兵衛負責。

他居中協調，以勝永想為國主山內忠義（一豐的嫡養子）盡一份力為由，幫助他離開土佐。在四郎兵衛的幫助之下，勝永平安進入大坂城。

然而，幫助逃亡的四郎兵衛被迫切腹，勝永的妻子也遭到逮捕。

有一說，勝永的弟弟權兵衛離開山內家，改在淺野家任職（福島成行著《土佐遺蹟志》）。

將星墜地

身在駿府的家康在聽完因忠義而起的控訴後說道：

「丈夫之志皆應如此。」

並表示就算懲罰他的妻子也無用。於是，山內家在城中保護勝永的妻子，並暫時供養她的生活。

成功進入大坂城的勝永與長宗我部盛親、幸村並列，是「三人眾」之一，召集自冬之陣後就持續籌謀的舊臣，再加上秀賴的助力，率領五千軍，負責西之丸西部的防衛。

一度講和的夏之陣逐步進逼大坂城。幸村將大本營設在茶臼山，勝永則設在天王寺。後藤又兵衛、薄田隼人正等紛紛戰死沙場，負責撤退殿軍的勝永孤注一擲，突破敵軍，志在奪下家康的首級。

敵軍共有十八萬五千，而勝永的軍隊卻僅有三千餘。

雖然如此，勝永擊敗了第一、第二、第三的攻城三軍。另一方面的幸村則剷除了第四、五、六、七等四軍，步步逼近家康的大本營。

如果秀賴按照原定計畫在這個時候出戰，那麼家康的首級說不定就會被幸村拿下。就差那麼一點點。幸村不幸戰死，享年四十九歲。

勝永還沒死。他襲擊家康的大本營，受到重裝防禦的阻攔，突破第十四、十五的攻城軍，平安回到大坂城內。可見其用兵之巧妙和他的勇氣與膽量。

然而，一切到此為止。

「將星墜地，失守本城」（前載《大阪城的七將星》）。

勝永為秀賴介錯[2]，之後與兒子勝家一同自刃，追隨主上而去。

有一說，當時的勝永三十六歲，勝家十六歲。

不知情的鶴千代因為父親和兄長舉兵而掉了腦袋，勝永家的男丁就此絕後。

一位名將（主上）的背後，一定都會有幾位像四郎兵衛這樣無名的「名家老」在支撐。

1 天正十年（一五八二），奉命征討中國地方毛利氏的羽柴秀吉在接獲本能寺之變的消息後迅速與毛利氏議和，火速帶著大軍返回。

2 最後幫切腹者斬斷頭顱。

輔佐上杉鷹著手改革

——米澤藩，竹俣當綱

樂天的名家

「士窮乃見節義」（韓文公「柳子厚墓誌銘」）。

士在窮困之際更能毅然彰顯節義，而小人只要窮便會為所欲為。

有趣的是，無論是國家或是企業，只要是一個組織，每當到了山窮水盡的時候，幾乎可說是一定會出現忠臣或良材。

米澤藩也在幾乎崩壞的時候，**竹俣當綱**就出現了。他身邊有許多同志，上有明君上杉治憲（號鷹山），擔任藩政改革。當綱身為首席奉行進行藩政改革，成功重振米澤藩。他具備能夠成為重建組織核心人物的資質與條件。

他的先祖越後竹俣城主——竹俣三河守慶綱也具備這樣的條件。慶綱是上杉謙信的親信，幫助指揮作戰，並在謙信死後輔佐繼位的上杉景勝。

竹俣家世代子孫都屬於上杉家最高位家臣的「侍組」（共九十六家）之一。

當綱出生於享保十四年（一七二九）。三歲的時候，父親本綱不幸過世。有一說，當綱的父親是發狂後自殺而死。當綱由祖父充綱扶養長大，十八歲時繼任家督。這一年也是上杉重定當上八代藩主的年份。

恐怕不記得父親的當綱在祖父的關愛下長大，由於是竹俣家的嫡子，因此從小接受嚴格的教育，但同時也非常受到大家的呵護，性格屬於樂天派。會讀書，才華洋溢。投靠他後來的同志科松伯門下，也因此有機會追隨上杉鷹山之師的細井平洲，接觸實踐型儒學＝行動哲學。但他並沒有走上鑽研學問之路，而是用儒學在實際的政治上實踐聖賢道。換句話說，他認為對現實沒有幫助的學問算不上學問。

當綱有幸認識了同拜　科門下的莅戸九郎兵衛（善政）、木村丈八（高廣）、神保容助（綱忠）等超越身分與年齡的友人，能夠和他們具體談論關於藩政改革的想法。

如果沒有這樣的歷練，也許很多人會認為暗殺當時極為專橫的家老森平右衛門只是一時的衝動之舉。

對於當綱而言，藩政改革是交付給自己的課題。

「船到橋頭自然直――。」

在這樣樂天的思想之下探討了許多改革的方略，但在此之前有一人是改革的巨大的障礙，這個人就是藩主重定。

米澤藩正處於過了今天不知道有沒有明天的生死存亡之際，而這個藩主卻依舊不放棄奢侈的生活，在藩內東、西、南邊各擁有一名側室，另外還有十數位供他玩樂的女人。之後繼承上杉鷹山的衣缽，成為十代藩主的志廣就是西宮之主阿勢所生。

另外，重定還沉迷於亂舞的觀宴，經常舉辦盛會，花大錢打造舞台，完全不理會藩士和領民過著的是如何悽慘的生活。

(有這樣荒唐的藩主，無論是什麼改革妙案也無法實現)

當綱於是將重振的希望放在了下一任藩主的身上。

寶曆十三年(一七六三)二月，森平右衛門遭到誅殺，翌明和元年(一七六四)，藩主頒布決定將領國交還幕府的意旨。

這兩件事絕不是毫無關係的單獨事件。筆者認為，這是在激進派當綱的煽動之下所做出的孤注一擲。

自德川幕藩體制開始以來，這並不是第一次大名因財政困難而要求歸還領土。

這時，在親戚尾張藩主德川宗勝的遊說之下，重定打消了這個念頭，之後繼位的是他的養子治憲(鷹山)。

「水難、旱災、大火、幕府的公共工程，只要遇到其中一個，那麼上杉家就會立刻陷入絕境。」

治憲就是在這種山窮水盡的狀況之下接任藩主。

重重的考驗

十七歲繼任藩主的鷹山立刻下令，拋棄大藩的自我意識，大規模進行節約。原本唯有經歷過同樣困境的人才能夠體會重建的困難和辛苦，而鷹山上任後便認清了這樣的事實。

他認知到，解救藩士和領民於水火是他的天命，於是頒布了儉約令，然而米澤藩的執政們卻反對這個儉約令，鷹山遭到孤立。

鷹山是沒有相對應背景的養子（他的老家高鍋藩秋月家當時僅有二萬七千石），年紀輕又沒有任何政績，因此受到頑固老臣們的輕視，讓他們有見縫插針的機會。但是鷹山不放棄。

他親筆寫信給每一位重臣，試著遊說他們。信中採取的是哀求的低姿態，但重臣們卻依舊默不作聲。好不容易前藩主重定出面，命令重臣們遵令不得有異議，但在此同時，有少數年輕的藩士看到鷹山以身作則，過著與藩士沒有區別的勤儉節約生活，因而產生共鳴。

大規模的改革很難在短時間內看到成效，只能靠著那些枯燥乏味、單調的努力，一點一滴慢慢累積。正因為如此，安永二年（一七七三），回藩後的鷹山遭到重臣們的彈劾，要他立刻給個說法。二十五歲的鷹山避免當場回應，但重臣當中甚至還有人拉著主上的衣角，強要他坐下。藩政的問題竟然讓主從關係惡化到這種地步。重定出面喝斥，重臣們索性稱病閉門不出。

身為養子的鷹山，礙於養父重定的面子而無法懲罰重臣們，但在重定卻讓鷹山處置七位保守派重臣，政局才終於轉向了改革派。

藩財政的收支在當時原本應該屬於最高機密，但治憲卻對所有藩士公開，負責指揮藩政改革的當綱下達通知，向所有藩士喊話。

內容大致如下：「每一人應該都知道，藩正在走向衰亡。然而，至今為止沒有人知道具體的數字，所以不了解確切的狀況。

這次公開之後，大家就會明白一切。

從領地獲得的十五萬石年貢，幾乎全部都用來支付家中之人的俸祿，公共支出用的是借款。這從元祿十四年（一七〇一）開始，積少成多到了今天的地步。為了解決這個問題，自寬延三年（一七五〇）開始，也陸續向家中借款，但光是支付利息就已經喘不過氣來，根本無法償還本金。

也就是說，如果這種情況繼續下去，那麼將永遠也無法回歸正常。我們這些被賦予重任的人也束手無策。

若想要擺脫這樣的困境，其實沒有什麼特別的奇策良方。只能善用土地，兼顧農、桑，同時開墾荒地，或是增加國產品（藩的特產品），慢慢提高年收入，除此之外別無他法。無論現況有多麼地嚴峻，只要上下一心，不斷努力，那麼一定可以跳出這個絕望的深淵。

接到這樣的通知，也許有藩士為認為，今天就已經這麼困苦了，又怎麼能期望未來呢？話雖如此，但大家都希望能夠為子子孫孫盡一份力。就算現在十分匱乏，但只要不屈服，恪守勤儉節約、不奢侈、盡力儲蓄，那麼重建絕非不可能。若想要將衰亡之國變成豐饒之國，照過去那般順其自然想必是辦不到的。這一點請大家一定要記住。好好思考『苦是樂的種子』這句話的涵義，不要遲疑，繼續努力。

每一個人的生活若有改善，雖然是各自的判斷，但不要忘了「視收入節制支出」。元服、婚禮、葬儀、法事或是衣食住、交際以及遊興等，所有一切活動都要特別留心，只要每一個人都認真生活，那麼每一個人的生活一定都會愈來愈好。」

當綱透過每一個組的領袖傳達上述的通知，並口頭交代，若有不服者一定要悉心勸導。另外，看完通知後若有發現任何有助益的事，一定要勇於表達。當綱想必也是卯足了全力。

「拯救弱國」的具體政策

藩政改革伴隨的是處死重臣。就算是為了那些不幸與其對立而被處決的政敵，也必須完成改革。當綱將一切都賭在了向所有藩士公開一切上面，可說是「背水一戰」。當綱應該非常認同下列《墨子》的話。

「去無用之費，聖王之道，天下之大利也」（治國最重要的是去除無用之花費。這是過去的聖人王者之道，也是天下最大的利益）。

與此同時，當綱除了面臨米澤藩嚴峻的財政危難，也為「拯救弱國」提出了具體的政策。正如之前的通知所說，無論再怎麼節約，只有這樣是無法解決龐大的赤字來源（高達二十萬兩的負債）。

當綱於是在各地進行地質調查，並研究過去農作物的推移，計畫在適合的地方種植桑、漆、楮等植物。也就是說，過去的三十萬石減少到現在的十五萬石是造成赤字的主因，若藩士能夠增加農作物，那麼就可以彌補減少的產量，挽救財政。

他於是新設置了「樹藝役場」。

當綱將這裡當作總部，種植漆、桑、楮百萬棵，開創了可說是破天荒的新事業。

「經濟是人們生活的根源，養活人們性命，讓人們有衣服穿而免於受飢或受寒。如果經濟的發展不順暢，那麼社會便會凋零，人們也無法過著今日的生活，受飢寒交迫之苦，最終導致亡國。這種例子很多。窮則濫（濫就是亂）就是這個意思。

然而，正如所見，現在世道衰微，人們不勤於文武，忠孝觀念淡薄，為貧困所苦，沒有任何動力，無論貴賤或尊卑，每一個人都日夜辛勞（中略）。

今日我們不為將來著想，只顧眼前的溫飽，那麼治世之道的前途將一片黑暗。這時只要大家齊心協力，努力不懈，三年內必可達到一定的成果。想著過去的榮景也於事無補，用現在現實中擁有的領地也可以獲得如過去般的收入，這並不是什麼特別奇妙的方法，也沒有什麼不可思議。

僅僅只是從事農桑、開墾領土、興盛藩的特產品，救人們於苦難。」

十五萬石的領地不可能回到過去米澤藩剛建立時的三十萬石。幕府拿走的領地是不可能再拿回來的。如果是這樣的話，雖然表面石高僅有十五萬石，但只要想辦把讓實際石高增加到三十萬石即可。這就是當綱的想法。

改革派的藩廳將這樣的想法用數字具體表示。

一、漆樹百萬棵——利益一萬九千一百五十七兩

二、桑樹百萬棵——利益七千四百七兩

三、楮數百萬棵——利益五千五百五十五兩

加起來共三萬二千一百十九兩。假設百石為二十兩，那就相當於十六萬五百九十五石。也就是說，新種的樹木所帶來的收入超過現在的表面石高。

當綱將這些數字公開讓藩士和領民知道。在公開這些數字的同時，也述說了十年、二十年、百年後米澤藩的願景。計畫乍看之下不可行，但如果沒有這樣具體的計畫，僅僅是抽象的空談，恐怕只會受到窮到谷底的米澤藩藩士和領民們的無視。

然而，這個破天荒的計畫，實施起來非常困難。

「計畫雖好，但種植各百萬棵樹木的資金又該從何而來呢？」

如果無法回答這個問題，那麼竹俁當綱只會被當作是一個笑話。

以防萬一

上一任藩主重定在位時，米澤藩曾被要求幫忙幕府上野東叡山的公共工程。當然，米澤藩沒有錢。藩主重定於是親自拜訪交好的江戶豪商三谷三九郎，希望他可以助米澤藩一臂之力，但最終一毛錢也沒有借到。

江戶、大坂、京都，無論走到哪，只要聽到「上杉」二字，所有人就像是看到衰神一樣，沒有一個好臉色。三谷三九郎也一樣。上杉家到處倒債，甚至連利息也付不出來，因此大家只要聽到米澤藩上杉家，也不問有什麼事，所有人皆避之唯恐不及。

甚至有人說，重定之所以選擇隱居，其中一個原因就是不想再看到債主們拒絕借款的臉色。之前提到的森平右兵衛捨棄三九郎，將藩的物產品交給其他豪商，渡過眼前難關。當綱將平右衛門給其他豪商的權利又還給了三九郎，希望能夠向他借重建米澤藩的資金。為此，當綱自就任「奉行」之後，多次毫無保留地向三九郎說明藩財政的現況，製作「取箇帳」（帳本），供他閱覽。

三九郎也逐漸放下戒心。當綱看準時機，切入了經過計算後種植三百萬棵樹苗需要資金五千兩的話題。

如果是過去的話，無疑直接開口借五千兩，但當綱減去藩內的收入三千五百兩，僅向三九郎借一千五百兩。同時還帶著三九郎前來勘查重建計畫的手下喜右衛門，參觀領內的每一個角落，具體說明重建計畫的每一個階段。當綱並不只是單純地希望融資，而是希望他們也可以共同參與這項事業。

當綱細心接待，讓三九郎的手下不感覺是和天下名門上杉家一起，而是與同地位其他藩的家老在商談。

當初表示猜忌的三九郎也逐漸認同當綱是一個值得信任的武士。如此一來，身為一個商人，不能因為過去的事情而放棄這麼好的賺錢計畫。尤其是這些被稱作富豪的人，比起眼前，他們看的是十年、二十年後的利益。

「我充分了解了。」

三谷三九郎，連同樹苗的費用，共準備了一萬一千兩的資金。

立刻著手進行三百萬棵的種樹計畫。當綱與其他的債主商量壓低債款，拿著剩餘的鉅額資金盡量還債，同時肅清藩的「奢侈」。

能幹的竹俣當綱雖然非常依賴三谷三九郎，但卻沒有讓三九郎成為唯一的債主。如果所有的錢都向三九郎借，那麼之後有什麼事，三九郎甚至有可能會左右米澤藩的將來。就算三九郎沒有這麼大的野心，但很難保證到了下一代也能維持同樣的關係。

必須以防萬一。

身為執政的當綱冷靜保持彼此之間關係的平衡，在整理眾多借款的同時，除了江戶的勘定所御用達[1]三谷三九郎之外，也與出羽酒田的大地主本間庄五郎、越後的三輪權平、岩船郡下關村的豪農渡邊儀右衛門等建立關係。

當綱認為，就算藩政改革最後不幸失敗，負債比過去還多，只要引進不同地域和不同業種的富豪，無論欠三谷三九郎多少錢，也不至於發生一個豪商左右一個藩的情況。

十五萬石的藩瞄準三十萬石收入的大計畫終於開始了。

房舍的空地、寺院境內、神社的參道等，所有的空地在考慮地質情況後，都種上了漆、桑、楮三者之一的樹苗。然而，想要從中獲利，最起碼還要等十年。雖然多少可以期待藩士們的努力，但除了原本的農作之外面對新增加的工作，農民對於這個改革還是心存不滿。新工作無法立刻增加收入，也難怪大家不滿。

如果行使公權力強制執行，結果大家只會偷懶，如果樹苗枯死，那就前功盡棄了。於是，當綱想到讓農村的老人和小孩來照顧樹苗。如果是給樹苗澆水、拔雜草以及驅除害蟲等，老人和小孩也可以辦到。

問題是怎麼樣提高他們的意願。

「只要種植超過一尺(約三十公分)的樹苗，每一棵獎勵二十文。」

當綱打算用「利」來買大家的意願。與之前種下的樹苗嚴格區分，並表示只要漆木結果，則藩會用市場價格購買。

當然，如果樹苗枯死，仍有繼續種植的義務，違反者處二十文的罰金。樹苗的成長受到嚴格的管控。過去的農作物對於農民而言只是被徵收的租稅，但若遵照當綱的政策種植新樹苗，則會增加農民的收入。

這個突破性的提案受到農民們的歡迎，讓他們願意踴躍地種植樹苗。

最後的王牌是織物技術

竹俣當綱另外還注意到了米澤從以前開始就有收穫的青苧麻。

至今為止，青苧麻與漆木並列為米澤藩的主要輸出品，十分獲得重視。由於是衣物的原料，需求量大，為了獎勵生產青苧麻，於是將青苧麻區分成藩收到青苧麻當作年貢後以一定的價格販賣的「藏苧」，以及允許農民透過商人自由買賣的「商人苧」，鼓勵生產。

當綱思考的是，有沒有辦法可以更加提高這個青苧麻的商品價值。也就是說，提高商品的附加價值。為此，如果將當作原料販賣給其他藩的青苧麻，加上織布的技術，那麼就可以和奈良的曬、小千古的縮等紡織特產品一樣，成為米澤的特產。

然而，無論是哪一種特產品，其生產、製作過程的各項技術都被視作為最高機密，如果誰都會生產，那麼產品的附加價值就會降低。為了維持市場價格，各藩的紡織品、工藝品、陶器等特產品的生產、製作技術都不外傳。米澤藩急需提高青苧麻附加價值的織布技術。

「只要有織布技術……。」

話雖如此，但卻不是這麼容易就可以到手的。就算是今日的企業，從產業間諜互相爭奪的狀況也可以看出端倪。

然而，如果不想辦法得到織布技術，則無法償還巨額債款，將來也無法建立安定的財政。除了原料、材料之外，還有一直到加工品為止的一連串生產。為此，必須開發織布技術。

當綱派遣改革派的藩士小倉傳左衛門和小出村的肝煎橫山忠兵衛二人前往越後的東頸城郡松山(現在的新潟縣十日町市松之山)。這是安永五年(一七七六)的事。融資給米澤藩的越後金主也在背後助了一臂之力。原本打算雇用織物的技術人員，但由於越後當地名主的妨害，雙方起了不小的摩擦。

就算如此，唯有這一件事，就算手段多少有些強硬，也必須達成使命。

小倉和橫山賭上性命東奔西跑，終於成功帶回縮師源右衛門一家和職工二人。米澤藩於城下的北寺町(現在的米澤市中央三、四、五、七丁目)的倉庫設置縮布製造工廠，另外又在下長井的小出村橫山忠兵衛宅邸設置分工廠。

雖然設備簡陋，但這個破爛的工廠正是藩政改革的最後王牌。

北寺町幾乎都是寺院，明曆元年（一六五五）在北寺町的一角設置了藩的備籾藏屋敷和藏守役人的宅邸[2]，安永三年（一七七四），又新增設了三棟籾倉。對於改革派而言，這裡是重要的據點之一。

至於縮織染料的藍染植物，也與青苧麻一同商品化，並於安永二年從仙台請來大友次助擔任指南役[3]，開設官園。

三年後設置藍染物役場，之後採取了從他國進口產品的措施。

藩內生產的藍玉和紅花僅供藩內製造商品使用，減少輸入，增加輸出，獲取外幣，這可說是超越時代的「富國政策」。

然而，這些先行投資的各項政策並不一定會有即效性。不僅如此，有些投資甚至會是改革的沉重負擔。

安永年間（一七七二〜一七八一）推動的藩政改革，這些略為急進的政策除了藩士之外，也讓領民疲於奔命，就好像是搖搖欲墜的跑者朝著終點奔跑，如果能夠幸運抵達終點也就算了，萬一沒有計算好，則隱藏著被迫中途退賽的危機。

這個時期的竹俣當綱像是有三頭六臂一般，在各方面大展拳腳。

思考、計畫、實施新政策，站在第一線親自指揮，為了國家的百年大計，甚至把手伸向了風險大的先行投資。

根據安永七年（一七七八）的記錄，在獎勵栽種漆木樹苗期間，由於官員沒有確實執行自己的工作，結果當綱親自前往畔藤村，手握斧頭，砍倒漆木大樹，取得三百七十餘棵樹苗。總而言之，當綱是一個行動派。

「名家老」的失勢

然而，對於藩政改革，當綱似乎有一些衝過頭的感覺。

他將官府的工作合理化，徹底執行。裁撤或統合不必要的部門，就算是每日都必須出勤的郡奉行，當綱也下令，如果沒有工作可以不必出勤，藉此減少出勤日數。

這是為了讓行政更加順暢、改善效率不佳的部門、促進機構重整，同時也是為了節省各項費用支出。然而，這種快刀斬亂麻的做法，當然會刺激休眠中的保守派。

「欲速則不達」（《論語》）。

無論什麼事都急不得。為了功名而急就章，則一定會發生不可預料之事，結果無法達成目的。殘酷的命運正在前方等著當綱。

安永六年（一七七七），當綱突然表達辭意。

鷹山聽聞後深夜密訪當綱的宅邸，勸說他留下。主上都已經低頭了，當綱也無法堅持離去。

這時候他打消了辭意，但四年後的天明元年（一七八一）他卻遭到革職，淪落到被幽禁的命運。

許多人認為，當綱這個悽慘的下場是他驕橫所招致的悲劇。過去的改革派領袖隨著時間而逐漸腐敗墮落，失去了刻苦耐勞的自制心。

其中一例發生在天明元年八月十二日，巡視各村的當綱在小松停留一晚。當地的豪農在府邸舉行了酒宴。翌十三日是藩祖上杉謙信的忌日。當天全藩的人都必須身穿喪服，藩主更從數日前便開始齋戒沐浴、吃齋唸佛，保持身心清淨，並前往佛寺參拜。

然而當綱卻在房間擺上屏風，在裡面點滿蠟燭說道：「在這些燈火尚未熄滅前都是十二日。大家不要客氣，繼續喝。」繼續飲酒作樂。

筆者想對這段故事表示一點異議。

當綱好歹也是改革派的領袖，且比鷹山更早在細井平洲門下學習，會做出這樣的行為，很難想像背後沒有其他的理由。

上述的脫序行為也許是事實，但大家看到的只是表面，筆者認為，當綱演出大失態的背後，一定有他的算計。

這個算計到底是什麼呢？就筆者的獨斷與偏見來說，我認為他是為了對藩政改革失敗負責。如果說失敗尚且言之過早，那麼最起碼是因為重建藩的財政是一項難如登天的任務，這個時期財政尚未有任何改善，而當綱為此負起了所有的責任。

藩主治憲也深知當綱的用心，就像諸葛亮揮淚斬馬謖一樣，忍痛讓當綱失勢。如果不這麼做，那麼可能會遭到保守派的追究。

竹俣當綱被免職之後，被軟禁在過去的保守派中樞的芋川家。當時的當綱五十四歲。當綱想必非常鬱悶，他不認為失去了藩政改革的方向，也堅信方法沒有太大的錯誤，然而，看到實際成果所需要花費的時間實在太長了。

鷹山非常迅速地處分了當綱，從江戶送來一份命令就解決了。

關於藩政改革，就像是最近努力突破危機的企業一般，根幹部分完全沒有任何改變。經營者和跟隨者必須靠一己之力渡過危機。

掌管米澤藩的竹俣當綱最後是選擇了自我處分，經營原本就是如此嚴酷的一件事。竹俣當綱的失勢，代表了他已經完成了改革第一階段所擔任的角色。改革也有不同的階段。

負責第一階段的當綱於寬政五年（一七九三）去世，享年六十五歲。

繼續看著第二階段改革的鷹山在文政五年（一八二二）三月，七十二歲時去世。

這時，米澤藩已經逐漸還清債款。

1 寬政改革時幕府任命江戶十大豪商擔任勘定所御用達，視情況借用他們的資金與商業手腕。
2 收納年貢米的倉庫和守倉庫人的宅邸。
3 技術指導。

第四章

成功與失敗的條件

將志向寄託在「米百俵」的「悔恨」

——長岡藩，小林虎三郎

教育才是國之基礎

在幕府末期的日本，有一個人勤讀和漢之學，鑽研西洋學，如行星般有著耀眼表現，這個人就是**佐久間象山**。

勝海舟的號——「海舟」，原本就是出自象山之手，在明治維新時期做出卓越貢獻的海舟在某種程度上也可算是象山的弟子。

橋本左內（越前福井藩士）、坂本龍馬（土佐藩脫藩鄉士）、加藤弘之（但馬出石藩士，後來的帝大總長）等也都出自象山門下。

論才學，無人能出象山左右，但他卻有著狷（偏急而狹隘）的一面。因此，他雖然奉命輔佐擔任老中兼海防掛的松代藩真田家八代藩主幸貫，但最後卻逃不過被暗殺的命運。

不輕易褒獎他人的象山，曾經少見地說過這一段話。

義卿的膽略，炳文的學識，皆是稀世之才。能成天下事者為吉田子，能將我子依託教育者唯有小林子。（《小林寒翠翁略傳》）。

這段話針對的是象山門下並稱「二虎」的**吉田寅次郎**（松陰）和**小林虎三郎**（寒翠）。

字（本名以外的稱呼）義卿的松陰，他的「膽識」與虎三郎（字炳文）的「學識」受到老師象山的肯定，能成回天大業的是松陰，而可以放心託付自己兒子教育的則是虎三郎。

前者是松下村塾的主宰者，明治維新期間培養了許多人才，而後者是作家山本有三知名戲曲「米百俵」的主角，後世曾經短暫復權。比松陰大兩歲的虎三郎是於文政十一年（一八二八）出生於越後長岡藩七萬四千石（實高十萬石）的藩士。

長岡藩初代藩主在德川家康的麾下，是「德川十七將」中的牧野忠成，以「常在戰場」（隨時保持在戰場上的心）為藩風，代代相傳。

小林虎三郎

虎三郎的父親小林又兵衛（誠齋）擔任的是新潟町奉行，雖然埋沒在地方，但學識淵博，就算是象山也非常尊敬他。

又兵衛和象山在學問上是志同道合的好友，又兵衛將教育自己嗣子虎三郎的大任交給了象山（虎三郎雖然是第三子，但兄長二人皆夭折，於是由他繼承家督）。

虎三郎於嘉永四年（一八五一）二十四歲時，拜入象山門下。

同為長岡藩士的河井繼之助也曾在象山門下學習，但因覺得

「不甚有趣」（今泉鐸次郎著《河井繼之助傳》）而無法心服，結果重新拜入實學派財政家山田方谷的門下（參照第二章）。

象山認為沒人可以超越自己而睥睨世間，但也有讓他認可的事。尤其是虎三郎，在學問方面頗有成就。虎三郎在入門前的十八歲，擔任藩校「崇德館」的助教，入門二年後，很快地就當上了象山塾的塾長，購買荷蘭語的原文書，代替師長講課。

同時，虎三郎還是一個努力的人。他的臉上滿是天花留下的疤痕，左眼又因幼時的意外而失明，而且他非常體弱多病。就如同他自己後來自稱「病翁」一般，除了罹患今日所稱的類風濕性關節炎之外，也患有胸部疾病，後來又併發了肝硬化。他雖然一度結婚，但據說就是因為他體弱多病而離婚。

嘉永六年六月，培里率領的黑船來到了這樣的虎三郎面前。

這時，象山和虎三郎的師弟急忙前往浦賀視察黑船（一日後，松陰追上了二人）。

另外，根據日美和親條約，坊間盛傳將要開放下田的港口，而象山和虎三郎在考慮到日本的將來，主張應該開放的是橫濱港，虎三郎向藩主牧野忠雅提出了反對開放下田港的建白書。

這時的忠雅擔任海防掛月番的老中，對勇敢直諫的二十八歲學者大怒，加以譴責，命令虎三郎回藩反省。

我有萬古心

虎三郎在接受軟禁處分的期間也不斷地思考。黑船的到來逼著幕府進行改革，但卻看不出成效，這是為什麼呢？

到底，為何當今之患如此。上位者不學，文武百官亦然，其職皆虛，何以焉濟。然而，為之之要，擴大教養，培育人才，修改官制，適才專任。（小林虎三郎著《興學私議》）

虎三郎認為，在上位者不學習，文武百官也跟著不精進學問，所以才會導致職責空虛。為了改善這樣的狀況，雖然看來像是迂迴之策，但讓更多人有教養，培育人才，同時讓官制更完善，將適當的人才放到適當的位置是有必要的。

他在其他地方也提到，國家的強弱取決於國民的強弱，也就是取決於國民的學問、工作以及元氣。

虎三郎深感教育的重要性，但他卻有志伸不得，只有歲月無情地流逝——松陰和橋本左內在安政大獄中被處刑、老師的監禁和之後的橫死，再加上之後的大政奉還、王政復古的大號令、戊辰戰爭等。

不管願意或不願意，長岡藩牧野家也被捲入了幕府末期的混亂之中。

慶應四年（一八六八）正月，戊辰戰爭開打，過去的學友河井繼之助提出了如彩虹一般的理想論。主張不靠攏新政府軍(官軍)，也不與佐幕派諸藩聯手，自藩保持「中立」，和官軍展開談判。就像是夢一般的理論。另外主張加入佐幕派陣營，與官軍決戰的人也不在少數。

關於這一點，虎三郎表達的是恭順的態度，主張應該向官軍投降。

人很難將心中真正的想法說出來。最終，虎三郎贊同了強勢派的論調，選擇了負擔小的主張。眾議的結果，河井的「中立」派被藩所接受，虎三郎遭到孤立，像是被排擠般地被迫隱居。

這時他曾寫下一首五言六句的詩。

天有萬古月
我有萬古心
清夜高樓上
憑欄聊開襟
天上萬古月
照我萬古心

虎三郎想表達的是，現在唯有從以前到現在都不變的月光才能明白自己心中所想。

河井帶著藩內意見，前往小千谷(現在的新潟縣小千谷)和逼近的官軍談判。不用想也知道，「中立」

這種自私的想法當然不被接受。官軍不予回應立即開戰，結果長岡的城下三度遭到砲火攻擊，一片火海，而河井也在中途病死（享年四十二歲）。

最終，長岡藩向官軍遞交了謝罪文，表示願意歸順，以投降收場。

與官軍兵戎相見的長岡藩成了「國賊」，石高一下子就被削減了只剩二萬四千萬石，受到了徹底的報復。實際收入只剩下過去五分之一的長岡藩藩內被火燒得精光，同時還必須照顧戰死者或傷者的家屬。

虎三郎隨著流落會津的藩主來到仙台，於明治元年（一八六八）十一月五日從米澤出發（九月八日改元「明治」），終於在年底回到了長岡（藩主忠訓於十月二十三日在仙台反省期間，奉命上京）。

遞交給新政府的謝罪文，其實也是出自虎三郎之手。

「國賊」長岡藩於明治二年八月擔任「文武總督」，兩個月後長岡藩又被選為大參事，相當於江戶時代的首席家老。

想必虎三郎一定很想大聲地告訴周圍的人：

「我不是早就說過了……。」

也許他還會想痛罵已逝的河井一頓。

然而，這個大參事在人前完全沒有任何怨言，默默地執行交給自己關於重建長岡藩的任務。

歷史會重演嗎？

藩士的家屬不用說白米了，三餐連稀飯都吃不上，看到這種慘狀的支藩三根山藩送來了米百俵[1]。

「總算可以喘口氣。」

虎三郎對因此而安心的藩士們提出了要用這百俵米來建學校的想法。

藩士們批評虎三郎，哪來的閒工夫，當然是溫飽重要。然而他不為所動。他提及長岡的敗戰，堂堂正正地述說自己的主張。山本的戲曲中是這麼描述的。

「——只要有人才，就不至於發生如此慘烈的事（中略）。我的做法或許有些迂迴，也或許無法立刻發揮效益。然而，為了重建藩，為了重建長岡，除此之外別無他法。」

這一點非常重要。虎三郎從心底恨透了那些逞勇的言論、華麗的感情論影響，而選擇讓長岡藩中立的藩士們。更具體地來說，他恨的是河井繼之助的想法。

當有河井繼之助這樣的人出現的時候，卻只有少數人能夠冷靜沉著地思考問題並做出判斷，這是長岡藩牧野家的悲劇，也是虎三郎痛恨的事。

換句話說，他準備創立的學校可說是用來培育行「中庸」（心正，無過之而不及）之道人才的地方。

終於，名為「國漢學校」的學校於明治三年（一八七〇）六月十五日成立，由虎三郎親自擔任校長。與舊幕時代的藩校「崇德館」不同，除了儒學之外也加進了國學，同時也要學習國史。另外又加進了至今為止被歸類為洋學的地理學和窮理學、博物學等，學生不僅限於藩士子弟，同時也開放給一般領民就讀。

「不分貴賤賢愚，皆可進入之所。」

確定學校定位的虎三郎在被縣廳命令療養治病後的明治四年七月，將自己的號改為「病翁」（四十四歲）。

病情的發展奪走了他在教育方面的志向。明治十年八月二十四日，虎三郎於弟弟雄七郎位於東京向島的府邸中嚥下最後一口氣，享年五十歲。

順道一提，國漢學校被編入新政府的學制當中，之後又發展出了阪之上小學、長岡中學、洋學校、醫學校等分支。

當中又以名門長岡中學校繼承國漢學校的基因最強，之後包括東京帝大總長等許多人才都是畢業於長岡中學。其中最值得注目的是，太平洋戰爭開戰時的聯合艦隊司令官山本五十六也是這裡的畢業生。山本五十六公開向當時的總理大臣近衛文磨表示，一年至一年半的時間會毫無保留地全力奮戰，但無法承擔之後的責任。就這樣開戰。

後年，井上成美大將如此回憶：

「如果說山本先生當時能夠明白指出，就算全力奮戰日本依舊會輸，那麼也許日本就不會開戰。」

山本五十六的言行和幕末的河井繼之助有什麼不同呢？如果說二者有相似之處，那麼也許小林虎三郎拚死追求的「米百俵」理想，真正獲得了實現。

歷史不能單就部份的「點」來看，有些真相必須將前後的點連成線，才能看出。

無論如何，小林虎三郎的理想也許值得被稱作是「永恆」。

1 米俵是捆成橢圓柱形的米，一俵（捆）約五十公斤。

用橫征暴斂統治領民

——松江藩，朝日丹波茂保

向政敵學習的家老

出雲松江藩十八萬六千石的七代藩主**松平治⊠**號不昧，是茶道「不昧流」的始祖。近世諸侯當中，他成功地完成了「明和改革」，是被稱為「中興之祖」的明君。但另一方面，他又被人稱作是道樂藩主、風流藩主、粹人等。到底哪一個才是他的真面目呢？

其實兩者都是貨真價實的治鄉。

他繼承了父親**宗衍**的藩主之位，繼任藩主時年十七歲。後來以茶道聞名的他在十八歲時以茶道為志向，十九歲時決定開始鑽研禪學。

當上藩主的治鄉最初必須面對的問題和大多數人相同，那就是藩財政的重建。松江藩的財政從他父親那一代開始就因為饑荒等天災和因此引起的百姓一揆而受到壓迫。

前任藩主宗衍在三歲時當上藩主，十七歲時進入領地出雲（現在的島根縣東部）。在此前年，宗衍向藩士們頒布命令，規定未來五年的俸祿減半。「無論如何都要重建藩財政」，下定決心的宗衍開始了「御直捌」(親政)。在一旁輔佐的是中老小田切備中尚足。

小田切首先為了確保年貢以外的收入,於是開設了藩營的金融機構「泉府方」,向富豪和大地主募資,準備將募來的錢放款,收取利息,增加藩的收入。

另外又設置了「義田方」,對於那些提前繳納高額米糧或錢的人,採取在一定期間內減免租稅的優待措施。同時針對新田開發者設置了「新田方」,特別規定只要繳納一筆款項,就可以永久免除租稅。

藩營的「釜甑方」(鑄造工廠)專門鑄造鍋、釜以及農具等。「木實方」則負責栽種可以當作蠟燭原料的櫨木並製成產品,用來當作藩的特產品。

小田切的企畫、草案等,每一項的水準都超越了藩政改革期的大名家。

然而,由於「泉府方」的資金周轉吃緊,他也因此失勢。

再加上藩主宗衍多病,寶曆二年(一七五二)停止親政。

如果宗衍能夠再多堅持一下,保全小田切的話,那麼這個改革想必可以走上軌道。如此一來,小田切必然可以被列為「名家老」。

說到底,宗衍缺少了打從心裡賭上性命改革的強烈決心。

小田切的遺書《報國》就是最好的佐證。當中寫下了自己規劃的政策被迫半途而廢,心中的悔恨與不甘心。

諷刺的是，將小田切的悔恨銘記於心的人竟然是他的政敵——家老**朝日丹波茂保**。宗衍親政前，都是由丹波負責指揮藩政。

明和四年（一七六七），藩主宗衍隱居，與小田切交替、回歸藩政的丹波，這時已經六十三歲。雖然如此，為了幫助十七歲的新主上治鄉，著手展開了各項措施。

也或許應該說，藩已經被逼到了再不做點什麼就晚了的生死存亡之秋。

出雲藩松平家貧窮的情況可說是慘不忍睹。據說，藩主甚至為了區區的一兩而煞費苦心，但江戶中卻沒有一人願意出手相助。

「出雲松平恐怕就要滅亡了——。」

甚至出現了這樣的謠言。

丹波進行的改革是後來被稱為「御立派」的新法。然而，到底是什麼原因讓治鄉重新任用丹波呢？畢竟他是曾經失勢的人。

據說是因為，屬於幕府公共工程的比叡山山門修築由丹波擔任總奉行，而他順利完成任務，沒有出任何紕漏。他的這項成績受到肯定，於是重新將重建藩財政的任務交到了他的手上。

丹波首先重振江戶藩邸的綱紀，削減經費並整頓人員。有一說當時約有千人遭到解雇，除了藩士之外，庄屋和村役人等也全部一新。廢止向幕閣送禮，嚴禁借款。接下來他繼續處理藩的負債，單方面地通知富豪和地主等債權人，廢棄被稱為「闕年」的債務。當然，借據被撕毀的債權人無法接受，開始向藩的高層施加壓力，想盡各種辦法讓丹波成為眾矢之的。

然而，丹波面對各界的抗議聲浪也不為所動，絕不退讓，終於成功地將借款字據變成了一堆廢紙。真是了不起。他為什麼能夠貫徹始終呢？

「如果沒有完成的決心，就會像前任藩主時一樣……。」

丹波比誰都記取了之前小田切失敗的教訓。

不昧公誕生的背後

與此同時，他為了增加稅收，採取了各種各樣非道義的手段。

例如，他將原本三斗五升（約五十公斤）的米俵改成三斗俵，並於明和八年（一七七一）將原本「五公五民[1]」、「六公四民」的年貢米收取率原則，提高成「七公三民」（相當於百分之六十九），努力增加藩庫收入。

他又進行檢地，確認登記的耕種面積。未登記的私田或私地經舉發後絕不寬容，同時禁止離農，對於長時間未繳納年賦者也採取強硬的手段。

另外，丹波將小田切的各項企畫案中可用的部分重新執行。不擇手段——這就是丹波的強悍之處。

據說，對於這些嚴格的措施，藩主治鄉也不時有怨言。

就算如此丹波依舊堅持，鼓勵藩主治鄉：

「殿下，現在正是關鍵時刻。莫忘初心。」

另外，對於治鄉熱衷的茶道，丹波也認為是娛樂而不認同，只要治鄉一開口，他便會立刻諫言阻止。

如此樸素節儉同時又橫收暴斂，要想看不到成果反而是一件困難的事。松江藩的財務危機以藩士和農民共同分擔的方式改善，雖然緩慢，但藩的財政逐漸好轉，藩庫也慢慢變得充裕。

治鄉就任藩主時藩庫僅存六百九十兩，到了翌明和五年時，藩庫已經增加到七千二百三十七兩，之後每年都有數千兩的增加。

明和六年，丹波獲賜主上名字中的一字，將名字茂保改為「鄉保」。

丹波死後，到了寬政十年（一七九八），藩庫成功累積了九萬七百多兩的儲蓄。

丹波曾經留下下面這一段故事。

有一天，丹波突然間覺得辛苦有了代價，於是想讓主上親自看看藩庫每年不斷增加的千兩箱。「主上想必會很高興吧」，抵不過心頭誘惑的丹波於是帶著治鄉前往金庫，看那些堆積如山的千兩箱。

「殿下，請放心吧，再也不會『雲州樣滅亡』的傳言了。」

治鄉像是要飛起來般地欣喜若狂。

然而，不知是否過於歡喜，從那一天開始，治鄉的態度大變，投入自己鍾愛的茶道世界，開始用高價收集茶器。為了收集天下名器，花錢如流水。丹波懊悔萬分，但卻也為時已晚。

事實上，治鄉也不是奢侈，只是他收集的是相當於浪費的茶器。天明元年（一七八一），丹波隱居，二年後去世，治鄉再也沒有理由節制了。

治鄉花了一千六百兩的巨款向江戶商人購買據說過去曾經進獻給秀吉的「油屋肩衝茶罐」，另外又買了室町八代將軍足利義政收藏的唐物「殘月肩衝」等，只要有喜歡的名器就花大錢收購。

「收集天下所有名物。」

治鄉曾對著同樣喜歡茶道的大名如此說道。

《雲州公御藏帳》中記載了超過五百點治鄉收集的茶器具。

治鄉將這些刊登在《古今名物類聚》上，又在《瀨戶陶器濫觴》發表研究成果。治鄉與其他有閒大名的收集狂熱不同，收集後用他卓越的知識加以鑑定、分類整理，展現了他與其他名器收藏家不同的才華。

這想必也是他為什麼能夠以茶人松平不昧的身分聞名的原因。

「我要建立自己的流派。」

姑且不論治鄉身為「不昧流」始祖的文化人身分，這樣的治鄉，是否真的配得上「明君」的稱號呢？筆者有些許的遲疑。

時代處在封建時代。也許壓榨領民並不稀奇，但治鄉無論是在收集天下名器，或是花錢如流水時，是否曾經想過背後那些無力的領民，他們的痛苦與無奈呢？想到這裡，筆者不禁搖頭。

同樣地，丹波是否稱得上是「名家老」呢？

不昧流以出雲為中心，至今依舊非常興盛。想到現在以這種方式回饋領民的子孫，也許才稍微覺得寬慰。

1 年貢米收取率。「五公五民」代表農民與領主各半，「六公四民」則是領主百分之六十，農民百分之四十。

派系鬥爭下切腹的「二之丸騷動」主角

——高島藩，千野兵庫

二大派系鬥爭

組織內必定存在派系，這並不是善與惡的問題。

為了鞏固要地、有效率地經營組織整體，擁有相同想法與志向的人當然會結成徒黨，這是從以前到現在都不變的道理。赤穗浪士四十七士，其實也是派系的一種。可說是組織存續的必然結果。

無論在哪一個國家、地方公共團體、企業或是大學，關於經營與管理，一定存在贊成派、反對派，以及中間派。現在的大企業多半是部長層級以上的人開始分派系，姻親和學歷常常會有一定的影響。娶了誰的女兒做妻子、與誰出自同一所大學、與誰來自同一個家鄉……。

更不用說戰國時代、江戶時代的大名家，這個人出生在哪一個「家」，就已經決定了他屬於哪一個派系，這樣的情況屢見不鮮。

如此一來，無論本人如何地能幹優秀，但卻因為「家」所屬派系的局勢，而無法走上飛黃騰達之路，這樣的人比比皆是。只能說一切都是「命」。在宮廷內工作，更是如此。

以信濃（現在的長野縣）高島藩二萬七千石（之後為三萬二千石）的諏訪家為例更容易理解。

這個家族自鎌倉時期以來就一直以諏訪地方（現在的長野縣諏訪市周邊）為勢力範圍，是諏訪神社神官（大祝）的後裔，戰國時期接受武田信玄的統治。在「決定天下」的關原之戰中，諏訪賴忠的嫡子諏訪賴水加入東軍（德川家康），戰後移封。之後十代近二百七十年都在同一個封地。

到二代藩主忠恆為止都是由藩主親政，之後在重臣們的決議下改為合議制，當中幾乎又都是由千野和諏訪兩大家老，代代輪流主掌藩政。兩家皆是知行一千二百石。

千野家從鎌倉時代開始就是諏訪氏有力的家臣，在高島城三之丸擁有宅邸，也因此被稱為「三之丸家」。另一方面，諏訪家與主家同姓，他們是初代藩主賴水的弟弟——美作守賴勝的子孫，府邸在二之丸，因此被稱為「二之丸家」。

這兩個小大名家留名後世的派系鬥爭，從在位三十二年的第五代藩主**諏訪忠林**隱居、**諏訪忠厚**繼位時開始。

五代藩主忠林是一個知名的文人大名，從分支的旗本進入諏訪家當養子，出生於江戶的他不熟悉諏訪的情形，再加上體弱多病，根本無心顧及藩政。接任的忠厚也是如此。為此，圍繞著藩政經營的主導權，家老間的派系鬥爭逐漸浮上檯面。

忠厚就任藩主時，上席家老是**千野兵庫貞亮**，但在明和七年（一七七〇）隱居中的忠林病逝後，意圖重整勢力的家老諏訪圖書賴英，其嫡子大助賴保代替父親，在還沒有繼承家督之前，便接任了家老一職。當時的大助二十七歲。千野兵庫比大助年長八歲。

大助與獲得忠厚庇護的江戶用人渡邊助左衛門聯手，批評兵庫主張的勤儉節約政策，並向忠厚進讒言，成功排擠兵庫（明和的事件）。

渡邊和大助同時也是姻親關係。

獲得加增一百五十石的大助之後八年間主導藩政，實施總檢地、修正土地清冊、向運送業者課稅、為水利開發而進行調整等，想盡辦法確保新的財源。

他雖然熱心於藩政，但他卻公然收受賄賂，在自家舉辦歌舞伎、狂言等餘興活動，又在庭院裡設置茶屋招待女性等，仗著權勢專橫跋扈。

安永八年（一七七九），一時失勢受罰的兵庫在這一年重回江戶家老之位。

他立刻控訴大助的惡行，大助因此失勢。家老一職遭到罷免，知行扶持也被沒收，受到逼塞[1]處分（又稱作安永的事件）。

加深派系鬥爭的關鍵在於一方沒有將另一方徹底擊垮。

大助雖然失勢，但渡邊助左衛門依舊在藩政之中虎視眈眈，隨時準備推翻現在的政權。

決定「名家老」的關鍵

這時，忠厚後繼的問題浮上檯面。

家中無子的忠厚讓夫人（備後福山藩十萬石二代藩主阿部正福之女）收他與江戶藩邸侍女阿留所生的軍次郎為養子，扶養成人。事實上，忠厚和江戶近郊豪農北川氏之女阿木曾之間，還產下一個名為鶴藏的孩子（軍次郎年長三歲）。

大助讓這兩個孩子對立，自己則擁護鶴藏繼位。渡邊也不斷向各方打通關。

然而，兵庫手下也有在江戶任職、名為林平內左衛門的同派系部下。兵庫認為由藩主正室扶養的軍次郎才是下一任藩主的適當人選，於是準備向藩主諫言，但在渡邊的妨害下失敗，自己也受到回國軟禁的處分。

算準時機，渡邊控訴之前大助因兵庫的告發而失勢，但其內容全是莫須有的罪名。結果，大助再度被召回江戶，又坐上了上席家老的位置。

大助讓忠厚與正室離婚，開始對付兵庫一黨。兵庫除了家老一職遭到罷免之外，還受到了隱居、押込（禁止進出）的嚴厲處分。千野家的家督由年僅七歲的源太繼承。

這麼一來兵庫便無反擊之力，只要鶴藏當上嫡子，那麼大助的權勢便會穩如泰山。

再這麼下去真的無力回天了，於是兵庫使出了非常手段。

天明元年（一七八一）八月一日夜晚，兵庫逃出藩，六日早上，前往江戶，逃進了幕府奏者番[2]松平乘完（三河西尾藩主）的府邸。乘完是忠厚的妹婿，屬於親戚關係。乘寬[3]在聽完兵庫述說藩內動亂的內情之後與忠厚見面，說服他立軍次郎為嫡子，最後獲得忠厚的同意（軍次郎就是後來的七代藩主忠肅）。

形勢逆轉。十一月十五日，正式當上嫡子的軍次郎被允許拜見將軍德川家治。新藩主一上任，兵庫立刻花兩年的時間掃清敵對派系。

天明三年七月，大助切腹，他的父親圖書則遭到終身監禁。「二之丸家」終於滅絕。至於渡邊，也遭到斬首。其他共有七十人以上受到懲罰。

訴諸非常手段重登家老之位的千野兵庫，到底是否稱得上是「名家老」呢？

在前面等著他的是多年以來與「二之丸家」派系鬥爭所產生的費用、慢性財政赤字、重建因天明三年和四年的歉收而更加惡化的藩財政等課題。

當初派系鬥爭的時候，兵庫批評宿敵大助只會用保守的儉約政策，然而現在的他卻也除了這個之外，想不出其他的辦法。結果，兵庫完全沒能夠改善任何一項財政。不僅如此，取代滅絕的諏訪家，千野家分家的櫓脇千野家興起，兩個千野家獨佔藩政經營。終於，高島藩在破產的情況下迎接了明治維新。

兵庫無論是對藩主、藩士或是領民，完全沒有任何貢獻。

過去的大助最起碼非常積極進行藩政改革。如果讓大助繼續掌舵，說不定高島藩在幕末維新時，財政方面能夠有所成長。

子曰：「無求備於一人」。

這個意思很容易理解。每一個人各自都有長短處，用人的時候，不可能要求一個人做到所有的事情。太平時代的「名家老」還是取決於上層，也就是藩主做的好與不好。

不僅是高島藩，江戶的藩幕體制多半採取的都是將相同家世、實力的人放在同一個職位上。主要的目的是為了相互牽制，避免權力集中在一個人的手裡。然而，相同實力的人，以及他們身邊無數的幫手，很難做到互相尊重。

權力原本就不是一個可以二分取得平衡的東西，只要一方稍微強勢，便會抓緊時機企圖殲滅另一方。

為假想敵思考的勇氣、寬容，以及宏觀大局的能力雖然非常重要，但各派系之首卻往往都做不到——一切都還是取決於在上位者的器量。

1 白天不被允許出門，只有晚上才可以出門。

2 負責城中武家禮儀相關事宜的官職。大名等在晉見將軍前，會先由奏者番確認進貢物品並稟報將軍。轉封等重大決定也是由奏者番負責傳達。

3 松平乘完的長子。

「禁錮」主上水野忠辰
——岡崎藩，松本賴母

三代從政的忠臣

歷史上有時候會出現一些人物，你不知道該說他是「名家老」還是「無能家老」。正保二年（一六四五），在與德川家淵源深遠的岡崎，獲得加封三河國吉田（現在的愛知縣豐橋市今橋町）五千石，共領五萬石的水野家家老**松本賴母（尚張）**，便是其中一人。

由於德川家康生母——於大的關係，水野家始祖忠元與家康是表兄弟。水野家因此受到幕府的庇護，尤其是當上岡崎藩初代藩主的水野監物忠善是舉世聞名的戰國武邊者，就算與周邊諸藩發生摩擦，幕府都會保護他。在入封岡崎之前，忠善共獲得石高約一萬五千石的加增。他也因此新雇用了百石以上的家來一百九十四人。這些人雖然是造成財政窘迫的原因，但同時在整頓、擴充藩政上面，發揮了很大的作用。

二代藩主忠春也因此能夠歷任奏者番、寺社奉行、大坂仮城代。到了第四代的忠之，在經過若年寄、京都所司代後，終於當上了勝手掛老中。

水野家表面上看起來一帆風順，但在寬延四年（一七五一）十月十一日，這個名門世家突然發生了重大變故。以藩主「品行不佳」（《丕揚錄》）為名，大小差料[1]被沒收，人則遭到了軟禁。

這個不像樣的藩主，正是岡崎藩六萬石（四代藩主忠之獲得加封一萬石）的六代藩主**水野忠辰**。

忠辰的祖父是忠之，參與八代將軍德川吉宗的享保改革，實施「足高制[2]」，有著活躍的表現。他的孫子忠辰無視於岡崎藩因幕藩體制上的缺陷而引起的財政惡化，每天過著放蕩不羈的生活，花錢如流水。離譜的表現讓他的生母順性院於寶曆元年九月十日結束自己的生命，向忠辰死諫。

然而忠辰卻不知悔改，依然故我地風花雪月，甚至花七百兩為自己喜歡的遊女贖身，金屋藏嬌。這個荒唐的藩主以祭拜順性院為名出府，立刻被捕遭到禁錮，首謀之一的家老（年寄）就是松本賴母。

松本賴母諱尚張，據說在正德四年（一七一四）出生於江戶，是岡崎藩年寄松本大學尚絅的第二子。從五代忠輝起至忠辰、忠任，共服侍三代藩主。延享二年（一七四五）五月二十九日，繼承家督八百石，同年八月起被任命為在江戶任職的年寄（江戶家老）。

帶著勇氣拉下無可救藥的荒唐藩主，並為了保護岡崎藩的存續，迎接遠房旗本水野十郎守滿的第二子忠任為水野家養子，順利促成忠辰的隱居和忠任的家督繼承，如果僅就這個部分來說，賴母稱得上是「名家老」。

然而，這個放蕩的藩主忠辰，其實有著完全相反的過去。

元文二年（一七三七），十六歲的忠辰當上藩主，面對的是藩財政惡化的現實，他不逃避，準備親自挑戰解決這項難題。

忠辰自年幼時開始就非常喜歡讀書，學習儒學的他以打破腐敗的門閥政治做為藩政改革的中心。他認為應該賞罰嚴明，任用人才。

忠辰並不荒唐，他其實有「明君」的一面。

寬保三年（一七四三）十一月，為了救濟窮困的藩士，他將向家中借款的增值部分歸還給各個藩士，並準備了一筆資金出借（一萬四千六百二十餘兩）。同樣地，為了預防農村疲弊，於是宣布減免五分的年貢。

他又頒布儉約令，以身作則，削減江戶藩邸的費用，努力節約。同時，忠辰還積極任用人才，提拔中級以下的人才當作親信。徒士頭——赤星直右衛門、小姓——鈴木又八、小姓——牧田右橘、小姓——土井軍藏、小納戶——堺才七、旗奉行——鈴木源內等。

延享三年（一七四六），以過去曾有不敬發言為由，忠辰罷免家老　鄉源左衛門和「年寄」（嚴格來說應該是家老的次官）松本賴母，命二人隱居。翌年又命年寄鈴木彌一郎「急度慎」（在家軟禁），陸續剷除改革反對派。

二十六歲的忠辰憂心岡崎藩未來，將滿腔熱情投注於藩政改革之中，也因此才會讓他使出這些強硬的手段。

元文二年閏十一月制定「養子名跡等之定」、同五年四月制定「知行取跡目定」、延享元年十一月又制定了「無足人定御役御免同子御分定」等。

這代表了過去那些由老臣(重臣)們任意決定的事情，從現在開始全部都在藩的組織當中正大光明地進行。勤務成績的優劣會反映在升遷與俸祿上，這種先進的作法是最大的特徵。

藩主忠辰的失敗

如何？各位讀者是不是想為這樣的藩主忠辰加油打氣呢？

然而，松本賴母站在與忠辰完全相反的立場，並企圖擊垮忠辰的改革。

保守的重臣們以現任家老水野三郎右衛門為中心團結，在寬延二年(一七四九)正月的慶祝大典上，所有老臣全數缺席。想當然，老臣們也完全不協助藩政，業務因此停滯，擁護藩主忠辰的改革派與站在反對立場的保守派重臣們之間情勢緊張，一觸即發，藩內也因此動盪不安。

忠辰派側用人[3]安撫老臣，希望他們回歸藩政，但卻無一人聽從。

所有老臣都表示，如果不清除「君側的奸人」，則不願任官。

對於藩主忠辰而言，現在是最關鍵的時刻。他除了反覆勸說反對派之外，同時也破壞他們的團結，希望藉此削弱敵方的勢力。

忠辰努力學習的儒學《四書》之一——《孟子》中，有下列這一段話。

天將降大任於斯人也，必先苦其心志，勞其筋骨，餓其體膚，空乏其身，行拂亂其所為（告子下）。

上天要將重任交付到某一個人身上的時候，必定會先磨練他的身心，讓他遭遇困乏。也就是說讓他身處逆境，刻意讓所有的一切都不如他意，給予他重重的試煉。

如果無法超越、克服困難，那麼便無法完成「大任」。就像日本諺語所說的「艱難能將人磨成美玉」。

忠辰的志向並沒有錯。藩政改革的方式也大致上射中靶心。

然而，人類是一種無法放棄既得利益的動物。就算理論上可以理解忠辰的改革，但卻無法接受自己的生活或待遇變差。

尤其是日本人，如果所有人都往下沉那麼也許還可以接受，但若有一部分例外的人浮了起來，那麼就會立刻變得無法接受。

時代的改革，無論是藩政改革或是財政改革，多半中途就會遭遇挫折。理由之一正是無法打破既得利益者的權益。

那麼，如何才能打破呢？當被逼到只剩下生命與權益兩種選擇的時候，人類便會放棄既得利益。除此之外非常困難，必須擁有強大的耐力，不斷反覆客觀地說明現在窘迫的狀況，取得認同。

為此必須確立藩政改革中的主體勢力。岡崎藩的情況，改革主體的勢力比起反對派脆弱太多了，尚且處於需要耐心說服的階段。然而，忠辰自己卻先退縮了。

也許，他雖然讀論語，但卻不懂論語。

經過長時間的思考，忠辰依舊無法決定是戰是和，也想不出其他良策妙方。另一方面，他又怕幕府以動盪為理由介入藩政，自己被迫改易。為了挽回頹勢，忠辰於是拜託在江戶的「年寄」們進行調停，也為了爭取時間而解雇了站在他這一邊的親信。

忠辰並沒有放棄改革的希望，雖然僅是緩兵之計，但再也沒人願意追隨與改革派切割的忠辰。

結果，忠辰無法突破重臣們的關卡，藩政改革的理想在保守派勢大的現實前敗下陣來。

能夠代替藩主扮黑臉的才是「名家老」

賴母於寬延三年（一七五〇）再度擔任江戶的年寄，改名「倚守」，領取七百石。

忠辰之後如何呢？就像許多秀才一樣不堪一擊，無法從挫折中重新站起來，對於藩政也失去了熱情，呈現放棄狀態，每天沉溺於酒色之中，把錢全都花在風花雪月上。忠辰可說是過著自暴自棄的生活。

他被賴母和牛尾四郎左衛門等「年寄」幽禁在江戶藩邸，在遭到幽禁的翌寶曆二年（一七五二）八月去世，享年僅三十一歲。

賴母在四年後的三月，以生病為由提出辭職和隱居的請求，但僅獲准傳位家督，依舊擔任「年寄」。翌七年五月，終於獲准辭職。

五年後的寶曆十二年九月，水野家移封肥前國唐津（現在的佐賀縣唐津市）。賴母則是在寬政五年（一七九三）病死於江戶。

到底松本賴母是不是「名家老」呢？

藩政改革比起今日重建瀕臨破產的企業還要困難百倍。

社會結構上有許多限制，如果沒有異於常人的意志，是無法躲開幕府包括參勤交代、普請等單方面的要求。就算勤儉節約，但馬上又會落入財政赤字的深淵。

如同前面所述，除非是非常有遠見的人物，否則降低現在生活品質的改革，很難被一般的凡夫俗子所接受。

更不用說許多藩士至今為止已經不知道被藩騙了多少次。

藩向藩士們借取一半的俸祿，不但不歸還，還繼續向他們借那剩下的一半，剩下最後一點的微薄俸祿也是用完全沒有價值的藩幣充數。

「要我們省吃儉用，到底還能再怎麼節約呢？」

看到對藩政改革滿腔熱血的藩主，藩內大部分的人心中卻是混合著困惑和類似於敵意的情感。如果無法好好地處理這種藩內眾人的情緒，那麼便無法進行真正的改革。

再畫蛇添足一下。

之前提到確立藩政改革的主體，再說明白一點，其實就是需要有人扮演黑臉。只會說漂亮話是無法完成改革的。必須有人願意跳出來接受千夫所指，扮演黑臉的角色，這樣改革才能夠完成。

話雖如此，但組織的領導人不能夠擔任黑臉的角色，那是因為扮演黑臉的人需要隨時做好最壞的打算。

如果由組織的領導人扮演黑臉，那麼萬一改革以失敗告終，也沒有人可以替代他。

水野忠辰失敗的原因其實就在這裡。就算不說是松本賴母，改革派的核心人物當中沒有人願意代替藩主忠辰扮演黑臉，其實就已經可以預知藩政改革的結局。

如果是這樣的話，除非領導人擁有超群的個人魅力和人望，否則無法進行大刀闊斧的改革。不知大家是否贊同？

1 插在腰上的刀。

2 規定每一個官職俸祿的基準，任職時俸祿不足者，依照基準調整俸祿。

3 傳達將軍或藩主命令的官職。

除了是家老之外更是畫家

——田原藩，渡邊崋山

政治與藝術

在現代的日本，經常可以看到業績委靡不振的中小企業接受外部的融資，並由融資方的人擔任下一任總裁。

江戶時代的大名家也是如此。當陷入財政困難的時候，會從外面迎來養子，讓他當任下一任藩主，看中的是他帶來的資金。尤其是小的大名，這種情況更是普遍。

例如，三河(現在的愛知縣東部)渥美半島的田原藩三宅家(一萬二千石)，實際的收入大致只有表面石高的一半，財政極其困苦。二代藩主三宅康雄好不容易開發了新田，但卻又被迫將一部分的新田賣給了商人。

造成田原藩財政破產的原因非常明確。

寬文四年(一六六四)，初代藩主三宅康勝入封時，著手修整室町時代文明年間(一四六九～一四八七)興建的田原城(現在的愛知縣田原氏)，這個舉動是一切苦難的開始。

三宅氏等級的小大名通常都沒有城廓，一般而言都是用「陣屋」取代城廓。

然而，為了擁有不符合自已身分的城廓，砸下高額的維修費，而且藩士們的俸祿也超過石高，龐大的費用壓得沒有什麼特產品的田原藩喘不過氣來。

也就說，田原藩的財政從一開始就注定是赤字。

到了接近幕末的文政十年（一八二七），十代藩主三宅康明死去，在他去世前，後繼問題就已經浮上檯面。原本應該由他的弟弟三宅友信繼承藩主之位，但藩的重臣們為了幫助重建財政，於是從姬路十五萬石的酒井家迎來了帶有資金的養子康直。

這時，一直以來位居「家老」之下、擔任「取次役」追隨友信的**渡邊定靜**，他的的立場突然變得非常微妙。

後來被藩主賜名「**登**」的定靜在歷史上，以他身為畫家的名字「**崋山**」而為人所熟知。他身材高大、相貌端正、氣宇不凡，同時也非常清廉寬大，絕對不在背後說別人的壞話。

然而，姑且不論他的名氣，身為藩士的崋山不過是只能收到一半俸祿，為「半知[1]」制度而苦的小藩家老（末席）市郎兵衛定通的嫡子。

「家老」也有大小之分（從最高等到最低等），崋山的父親定通定府江戶，擔任留守居添役，俸祿不過十五人扶持（以石高計算的話約二十七石），由於「半知」的關係，實際上僅僅領取一半的十四石弱（約十二兩）。

這個遠低於大名家第二把交椅，同時也是負責輔佐藩主的「家老」所應有的俸祿。

寬政五年（一七九三）九月，出生於江戶半藏門外（現在的千代田區三宅坂）田原藩上府邸裡門脇長屋的崋山共有弟妹七人，次弟和三弟都在寺廟奉公，而四弟和妹妹也為了減少負擔而被送離了渡邊家。家中沒有任何值錢的東西，甚至連塌塌米都拿去抵押，晚上睡覺的時候連被子、睡衣都沒有。冬天睡覺的時候全家人將腳放進暖桌下面取暖，生活非常貧困。上級藩士的生活到底為什麼會如此清苦呢？由於他的父親長年生病，因此需要許多醫藥費，渡邊家也因此過著吃不飽的日子。

崋山雖說是長子，但也不是因此就安穩無事。為了貼補家計，他於是在扇子、風箏、初午燈籠上作畫賺錢。

關於他繪畫方面的修養，曾留下一段發人深省的故事。

渡辺崋山

不知道是被現實所逼，又或是被繪心所使，無論如何，下定決心認真學畫的崋山因為家裡實在太窮了，連給老師的謝禮「束脩」都付不出來。最初的師匠因崋山付不出足夠的謝禮而動怒，僅兩年便不願再教他畫畫了。這個師匠也是為了生活而教畫，其實他與弟子斷絕關係的心情也不是不能理解。

然而，少年崋山日以繼夜地在母親買給他僅有的紙上拼命練習。然而，自學無法讓畫法進步。少年崋山非常喪氣，哭著感嘆自己悲慘的命運。

聽聞此事的父親於是對著自己的孩子說道：

「不要因為這麼一點小事就垂頭喪氣。拜其他人為師，認真學習便可。」

就算是貧窮人家的孩子，也一定會有人看中他的才華，為了他的將來而願意教他作畫。父親想說的應該就是讓他找到這樣的人。

聽在不同人的耳中有不同的理解，也許有人會認為他的父親勸他放棄。

身為畫家的後半生

文化六年（一八〇九），崋山拜入花鳥畫家金子金陵的門下，追隨著名的畫家古文晁。

另一方面，崋山又拜博學多聞的佐藤一齋為師，學習儒學。文政七年（一八二四），父親定通去世後，崋山繼承家督，擔任取次役。在養子藩主康直之下，於天保三年（一八三二）成為了年寄役（家老）兼海防事務掛。這時的崋山四十歲。

升職的同時，崋山也被交付了解決這個命懸一線的財政危機。

崋山招聘農學者大藏永常，賦予他「藩產物取立役」的職位，負責全部農政。崋山計畫藉由增加生產來重建財政。他同時免除驛站附近領民被課賦的人馬繼立[2]和助鄉[3]傜役，又為了救濟饑荒，於是在平常儲蓄救荒作物。崋山陸續實施了多項值得讓他被稱作「名家老」的措施。

另外，他不顧反對，將原本用家世決定俸祿的制度，改成了用職位決定俸祿。以現在的話來說，也就是根據能力制定薪資。然而，改革讓原本的窮人更窮，尤其是一出生就接受優渥待遇的上層藩士更是強烈反彈。

藩內發生了猛烈的反對運動。

崋山在這裡原本應該下定決心貫徹到底，沒有伴隨痛苦的改革，稱不上是真正的改革。然而，每天的辛勞與痛苦，讓他逃往了繪畫的世界。

一開始也許只是為了轉換心情，讓自己可以忘記一整天工作的疲勞。

然而諷刺的是，在忙碌的生活當中，反而讓崋山身為風俗寫生畫家的才能獲得伸展，他同時研究西洋的畫法，在肖像畫的領域開啟了獨自的新世界。

他以銳利的筆鋒，成功地畫出了幾幅前所未有的作品。

進入天保年間後，崋山對洋畫的研究讓他對所有洋學都產生了興趣，與西博爾德門下的小關三英和高野長英等人一起參加「尚齒會」（超越身分，由研究洋學的有志之士所組成），學習西洋學讓崋山精通歐美列強的情況。

天保九年，現實生活中的逆境讓崋山以生病為由，向藩廳提出了「退役願書」。他終究是一名藝術家，而不是政治家或是執政者。

然而，藩卻不願受理。

崋山一頭栽進繪畫的世界。不論是過去或是現在，同時從事兩種職業的人很容易被周遭的人因誤解而討厭。

至於崋山，他當上藩的海防事務掛後又加深了周圍的誤解。

走向幕末的日本被點出了江戶灣防禦的重要性，為了三河的海防，崋山更加醉心於研究西洋學。這也許是藝術家的通病，容易愈陷愈深。

後來，幕府試圖攻擊送回日本遇難漁民的馬禮遜號，受到此一事件的刺激，崋山認為應該警告因鎖國而落後的日本眼前的危機，於是執筆寫了「慎機論」。

因此受到責難的崋山因誹謗幕府的罪責下獄。這就是大家所說的「蠻社之獄」。

這可說是幕閣保守派所策動的政治冤獄。崋山遭到誣陷，說他準備逃往遭到禁止的無人島，差一點因此而被判死罪。在經過七個月的牢獄生活之後，在藩內被迫隱居。

天保十一年正月，崋山被護送到田原，藩的改革也在此畫上了休止符。

用現在的話來說也就是，參加了不同於本業的業界運動，愈陷愈深，最終失勢。田原藩的家老獲罪，田原藩當然不可能沒事。藩政改革被反對派摧毀，大藏遭到驅逐，根據能力決定俸祿的制度也被改回了之前依照家世來決定。

愈是失意，崋山愈是投入在繪畫當中。

崋山的後繼者

渡邊家的窮困是不可爭的事實。

在這樣的情況之下，崋山的弟子福田半香在考慮到老師的窘況，於是計畫在江戶開畫會（展覽會）。然而，反對派沒有放過這次的機會，以行為不檢點為由，並把藩主康直有望就任奏者番役卻遲遲未接到命令這件事也歸咎於崋山賣畫的不檢點行為上，逼藩主究責。

被逼得走投無路的崋山於天保十二年（一八四一）十月十一日自殺身亡。遺書上大字寫著「不忠不孝」。

與其說是家老，不如說是一位畫家結束了他的生命。崋山的繪畫不朽，帶給後世無窮的感動。

那麼，身為家老的他又如何呢？

他身為「家老」的職責最終讓他透過西洋學的人脈，將田原藩士村上範致（通稱定平）送到了盟友伊豆韮山的代官江川太郎左衛門處，拜他為師。

三宅家雖然是一個弱小的藩，但由於傳入了正統西洋流砲術的傳統，因此在三宅康保接任第十二代藩主的時候，已經領先其他諸藩，採用洋士兵制。

村上於安政五年當上家老，同時擔任幕府官立講武所的砲術教授。

「瀉瓶」是佛教經常使用的古語。

這個「瀉」也有「注入」的意思，指的是將一瓶水完整注入其他瓶中。

通常用在描述老師在傳授弟子自己的見識、知識、技法時，完整無保留。

從中可以感受到教授者與學習者之間靈魂的交流，彼此的熱情、志向、拼命的意志等，散發出耀眼的光輝。不僅是佛法，在學問或是藝術的世界裡，也都應該秉著「瀉瓶」的精神。然而，就算是表面上無保留的傳達，能夠做到內面，也就是靈魂交流的教授，如果沒有老師與弟子命運的「邂逅」，則很難做到。

在筆者看來，崋山的想法完整地傳達給了村山，不知道各位讀者覺得如何呢？

1 為了救濟財政，領主以向家臣借取一半俸祿的形式進行減俸。

2 人和馬交替運送貨物的勞役。

3 為了維護驛站正常運作而召集人手提供服務。

奧州戰爭時的會津藩宰相

——會津藩，梶原平馬

奧羽越列藩同盟背後的主將

根據時勢不同，「名家老」有可能會變成惡家老、無能家老，這似乎是世間不變的道理。時勢究竟站在自己這一方還是站在敵對方，不僅大大地影響了家老本人的命運，也影響了整個藩的情況。例如，幕末奧州戰爭時期，實際上指揮奧羽越列藩同盟的會津藩家老**梶原平馬**就是最好的例子。

他出生於天保十三年（一八四二），是會津藩家老內藤信賴（又名信順）的次子。上有出生於天保十年的哥哥內藤介右衛門（信節），下有成為武川家養子、後來參加上野彰義隊，兵敗後被處刑的弟弟武川三彥（內藤信臣）。

平馬是梶原景保的養子，文久二年（一八六二）就任主上松平容保的京都守護職而上洛。慶應元年（一八六五）二十四歲時當上若年寄，翌年又當上了奉行（家老）。

平馬文武雙全，是一位有能力的官吏。比起那些只有家世卻沒有真本事的大名家重臣，他是一個充滿活力與行動力的人。

慶應三年正月，平馬二十六歲時，站上了藩政頂端的位置，成為了首席家老。

翌慶應四年二月，在鳥羽伏見之戰中戰敗，主上容保從江戶回到會津，而平馬則留在江戶，準備與西軍（官軍）決戰，負責籌措兵器和軍用資金。

這時，在長岡藩家老河井繼之助的介紹之下，平馬認識了荷蘭四號館亨利・史奈爾和愛德華・史奈爾兄弟，並用一千五百美金向他們購買了來福手槍七百八十把，又採購了相當於二萬美金的兵器彈藥。平馬再從舊幕府陸軍接手了大砲二十三門、米尼步槍、火繩槍等，將所有的兵器彈藥以船運的方式送到會津。

平馬自己也於三月九日從橫濱出港，乘坐繞太平洋出津輕海峽，進日本海的船，於二十六日從新潟上陸。這時，桑名藩主松平定敏一行百餘人與河井繼之助一行百餘人也同坐一艘船。長達半個多月的船旅很有可能對平馬在政治和戰略上的願景產生了很大的影響，促成之後的奧羽越列藩同盟。這是曇花一現的「北部聯邦政府」的藍圖。

奧羽越諸藩必須團結一致。為此，會津藩必須拿下奧羽諸藩的主導權。回藩後的平馬，立刻開始進行兵制改革。他任命佐川官兵衛為中隊司令官，山川大藏負責砲兵隊，向農民和鄉民募兵，逐漸走向西洋化。

十八歲到三十五歲的募兵稱作朱雀隊，三十六歲到四十九歲稱作青龍隊，五十歲以上稱作玄武隊，十六、七歲的少年則稱作白虎隊。再將三十一中隊二千八百人的主力分成第一、第二砲兵隊、游擊隊，分散配置，重新編排會津藩七千多餘的正規軍，讓他們可以駐守各藩邊境。

官軍最有可能進攻的地方有五個，其中最重要的白河口由會津藩宿老西鄉賴母擔任總督，橫山主稅擔任副總督。日光口由舊幕府步兵奉行大鳥圭介擔任總督，山川大藏擔任副總督。越後口由一之瀨要人擔任總督，大平口則是由原田對馬負責。最後在米澤口也配置了青龍二番士中隊。

對於藩財政的重建，平馬也有具體的對策。他讓「蒸汽船」行駛連接會津若松和新潟的阿賀野川，輸出漆器、陶器、絲綢、刀劍等。另一方面積極開採礦山，開拓新的財源。無論是想法或是計畫都無懈可擊。

然而，現實卻是處在臨戰的非常狀態。

「若想要團結奧羽，首先必須救濟會津。」

筆者認為，將奧羽諸藩組成的會津救濟同盟改成地域獨立性高的「北部聯邦政府」，與薩長中心的新政府軍分對抗的人正是梶原平馬。他才是在奧羽越列藩同盟背後下指導棋的人，也是實際的主將。

山本覺馬是梶原平馬的左右手，在長崎、兵庫、京都、江戶等遙遠的後方神出鬼沒，有著卓越的表現。

他是平成二十五年（二〇一三）大河連續劇《八重之櫻》的主角山本（後來的新島）八重的親哥哥。

然而，局勢的發展卻出乎平馬的預期，進展神速。這也不是沒有道理的。就連官軍長州的大村益次郎也主張首先鞏固西日本，之後再東進。大多數的人也支持他的這項主張。強行以「時勢」為由，決定即刻進軍江戶的人是薩摩的西鄉隆盛。絕不可輕忽平馬對時局的判斷。

幕末史的發展是反對新政府的奧羽越列藩三十一藩結盟，決定共同對抗新政府軍。然而，同盟軍近代戰的經驗遠不如薩長二藩，也幾乎沒有任何最新的兵器或新型軍艦，這樣的同盟軍不堪一擊，不斷地吃下敗戰，走向投降。

慶應四年五月一日，白河城遭到攻陷。同年五月十九日，長岡城被攻下（之後雖然短暫奪回，但七月二十九日再度被攻下）。同年六月二十四日，棚倉城被攻下。同年七月二十九日，二本松城被攻下。同年八月二十一日，母成峠之戰中，同盟軍又戰敗。

總攻擊與開城

最後，年號從「慶應」改成「明治」後的九月十四日，新政府軍開始向會津鶴城發動總攻擊。話雖如此，但不是諸藩聯合的眾將士一起衝向會津鶴城。

新政府軍從分別設置在七處的砲台發射約五十門的大砲，以鶴城的天守閣為中心，集中向城內砲擊，戰況慘烈。附近的樹木折斷，瓦石四射，腳下塵土飛昂。

「百雷如鳴動般不絕於耳。」

城內的傷亡人數不斷攀升。

藩主容保和他身邊的平馬都在城內，主從二人面對這樣的情況，無法有效下達具體的作戰指令。會津藩只能與護衛隊將四斤砲一門配置在豐岡（現在的會津若松市城南町附近），與小田山上十五門敵砲對峙。然而，火力完全遭到阻絕。新政府手上甚至有最新型的阿姆斯壯大砲。

這時，指揮會津藩砲擊的是八重和她的夫婿川崎尚之助。

新政府的總攻擊從九月十四日早上六時開始，一直持續到晚上六時為止。

當然，除了大砲之外，槍的子彈也像下雨般不斷落下。城內被硝煙壟罩，一片漆黑。

少年們拿著浸溼的草蓆四處滅火，婦人們也用浸溼的衣物趁爆炸前澆熄炸彈。然而，很多時候，砲彈就無情地在婦人和少年的眼前炸開。

在這樣慘烈的狀況之下，會津鶴城五千軍士的鬥志令人敬佩。

然而，雖著時間流逝，食糧、兵器彈藥逐漸缺乏，死傷者也持續不斷地增加。奧羽越列藩同盟逐一向新政府軍投降，援軍救援鶴城的可能性微乎極微。

九月十八日，強行進攻的新政府軍在這時已經完全阻斷了鶴城與外部的聯繫，會津城完全無法補給食糧和彈藥。城內的士氣雖然旺盛，但藩高層開始考慮開城投降。對於被包圍的人而言，沒有什麼比孤立無援更感到令人絕望。

然而，筆者想問，當初到底是誰開啟了這場戰爭？在幕末的政局當中，薩長兩藩的不講理，難道不是顯而易見嗎？無法忍耐，因為自尊與面子而應戰人又是誰呢？

——在這裡，筆者想起了另一個歷史的場面。

鳥羽伏見之戰敗戰後，為了拯救從江戶回藩的容保主從，仙台、米澤、會津的三藩代表在關宿（現在的宮城縣刈田郡白石川上游）會面。

面對米澤和仙台的遊說，會津藩家老平馬雖然同意開城以及主上容保的禁足，但拒絕交出會津藩首謀者的首級。仙台藩的家老但木土佐（成行）表示無法繼續談判，於是平馬堅決地說道：

「那麼我們將盡會津藩全藩之力，以死力拼。」

但木聽完之後啞口無言，勸平馬好好想一想，決一死戰與用一兩人的首級換取整藩的安全，到底孰輕孰重？筆者在讀完當時的文獻後，不禁點頭贊同。筆者無法忘記這時站在但木後面的仙台藩士真田喜平太用嚴肅的口吻說出的一段話。

「如果不肯交出首級，那麼請速回整頓軍備。就沉浸在砲火煙硝中吧。前將軍德川慶喜公已為自身的罪責而謝罪，朝廷既然已經接受了，沒有向我藩（會津）問罪的道理，這一點我很難理解。臣子之罪乃君父之過。考慮到君臣之義，鳥羽伏見一戰非將軍之罪，而是會津侯之罪。不，這非主上之罪，而是我們左右輔弼（重臣）之罪，難道這不就是武士道嗎？」

語畢後平馬沉思了許多，答道：「正如你所言。」

筆者認為，幕末的會津藩中，自始至終不曾動搖，貫徹身為「左右輔弼之臣」職責的就只有西鄉賴母一人。

會津藩＝斗南藩的悲劇

元治元年（一八六四）五月，會津藩家老之一的橫山主稅因病回藩，由另一位家老神保內藏助代替上洛。他生於文化十三年（一八一六），這時四十九歲。

內藏助的長子內藏修理為在鳥羽伏見之戰中丟下家臣逃往江戶的藩主榮保扛責而自刎。內藏助自己也在會津攻城之日切腹。同職等的田中土佐被敵彈擊中後自刎。他們也許是不齒於苟活，以死謝罪，藉此貫徹自己身為家老的職責。

西鄉賴母獨自停留在京都，不斷地說服主上榮保辭去「京都守護職」回藩，就算被嫌棄，也持續向主上諫言。賴母看清在鳥羽伏見敗戰後，德川家打算捨棄至今為止一直支持幕府的會津藩，選擇不流血的江戶城開城之路，冷靜地主張：

「除了歸順之外，沒有其他的辦法可以救藩。」

然而，他無法推翻被怒氣沖昏頭的主戰論者的主張。

——於是走向了奧州戰爭、會津戰爭。

期間，賴母的家族除了留下長子吉十郎之外，全部的人都自殺了。

九月十九日，手代木直右衛門（會津藩公用人）、秋月悌次郎（會津藩士）前往米澤藩位於鹽川（現在的福島縣喜多方市鹽川町）的大本營，委託斡旋投降的事宜。在米澤藩的牽線之下，二人拜訪了土佐藩陣營的板垣退助，表示願意投降。二十日，城內舉行評定，在松平容保的裁決之下投降，決定開城。

婦女們立刻收集小布縫製成三面白旗，掛在正門前石橋的西端、黑鐵御門的藩主座位前。二十二日午後，正式開城，會津藩士和他們的家人，被移到了三之丸。

松平容保與喜德（德川齊昭的十九子，同時也是容保的養嗣子）父子被送到了郊外的瀧澤村妙國寺看管。城內五千二百三十五人，共分成藩士、傷病者、婦女和六十歲以上或十四歲以下者三類，下令藩士被送往猪苗代，傷病者被送往青森御山村（現在的二戶市）等醫院，其他的人則可以自由退去。之後，在城外抗戰者被禁足於鹽川，而婦女孩童則在喜多方一帶禁足。

降伏後，松平容保父子奉命上京（東京），翌明治二年（一八六九），藩士們也被移到了越後高田（現在的新潟縣上越市）和東京。會津武士享有日本第一的美譽，但在戊辰戰爭敗戰後，被新政府軍當作「國賊」，受盡嘲笑。

就算如此，藩士們依舊心懷重建會津松平家的念頭，同年十一月新政府所下的決定，當中含有懲戒的意味。新政府在舊南部領（現在的青森縣上北郡和下北郡一帶）硬是建立了斗南藩，舊會津藩的新封地僅三萬石。

過去的會津藩擁有約三十萬石（包含代管地），後來增封五萬石，第一次職封又追加五萬石，第二次職封再追加五萬五千石，再加上幕末幕府又賞賜了月二千俵和月一萬兩。如果換算成石高，約六十七萬九千石。光就表面石高而言，會津藩是緊接加賀藩前田家、薩摩藩島津家、仙台藩伊達家之後，排名第四位的大藩。而他們現在卻被迫成為陸奧國舊南部藩的一部分，移封到下北半島的火山灰地，而且這個地區一年中有一半的時間都被積雪覆蓋，土地貧瘠。藩領的表面石高雖為三萬石，實收不過七千石，實在無法負荷所有的藩士和他們的家人約四千戶生活。

趁著移封的時候可以讓藩士們自由選擇，結果，回到會津的有二百十戶，回歸農商的有五百戶，分散東京其他地方的有三百戶，遠赴北海道的有二百戶，移封陸奧新領地的則有二千八百戶（一萬七千餘人）。

然而，這個數字對於「斗南」而言是沉重的負擔。

順道一提，新建立的「斗南」雖說是蝦夷地（現在的北海道）以南各藩領，但由於全部都是天子的領地，「北斗以南皆帝州」因而得名，並不是被逐出天皇領，趕到北方的偏僻之地。

然而，現實是饑荒與戰爭。所有人面黃肌瘦，披頭散髮，手腳粗糙，收集流下來的昆布、海帶以及山野的蕨類，剁碎後煮成粥充飢。

會津武士就算在這樣的逆境當中，依舊互相幫助，將生存視為自己的「戰爭」。

「會津的乞食藩士餓死在下北，薩長的下郎武士樂不可支，生存、存活，在會津一雪國辱前努力活著，這裡是另一個戰場。」

「不許死，絕不可以死。忍耐必會迎來春天。忍耐、生存，在向薩長的下郎們報仇雪恨之前。」

(二者皆出自於石光真人編《某明治人的記錄　會津人柴五郎的遺書》)

斗南藩於明治四年七月十四日廢藩置縣，成為了斗南縣，與弘前縣合併，之後成為了青森縣。

之後的梶原平馬

以曇花一現的「北部聯邦政府」構想為中心，試圖拯救會津藩，計畫「重頭再來」的梶原平馬，在會津之戰後，過著什麼樣的生活呢？

平馬的妻子二葉是山川咲子(後來的大山捨松)的長姊，比平馬小三歲的弟弟山川大藏(後來的浩)和小十二歲的健次郎都把平馬當作自己的親兄長仰慕。

平馬夫婦於慶應二年(一八六六)十一月十六日，生下唯一的兒子寅千代。由於平馬出生於壬寅年，這一年剛好是兩輪後的丙寅年。如果生在太平盛世，那麼想必他們會過著安穩的生活。然而，平馬在二十六歲時當上首席家老這件事，本身就代表了非常事態。極為忙碌的平馬連孩子出生後七天舉行的儀式都無法參與，與妻子之間產生鴻溝，孩子出生後的翌年三月，便與妻子二葉離婚。

如果他沒有在幕末的時候當上首席家老，那麼他們一家人想必也不會分開。另一方面，必須追隨擔任京都守護職的藩主松平容保，平馬將水野謙吉的次女阿貞留在身邊。阿貞出生於嘉永二年（一八四九），比離婚的二葉小五歲。

在會津鶴城擔任政務總督重任的平馬，在開城後過著被幽禁的生活。明治二年（一八六九）十月，代表舊會津藩士，向新政府請求重建主家。同四年獲得釋放，就任青森縣廳的庶務課長。但僅二個月後便辭職，與第二任妻子阿貞一起前往蝦夷（北海道）旅行。會津的人們慎重地接待了他。他卻冷冷地說道：「——平馬死在了北海道的某處」。

事實上他並沒有死。改名「梶原景雄」，活在明治的世上，晚年移居根室，於明治二十二年三月二十三日去世，享年四十八歲。

死後葬在根室市西濱町的市營墓地。他沒有再次出現在世人眼前，背負著會津戰爭責任者的十字架，默默地離開人世。

為了彌補他的遺憾，進入「平成」之後，妻子阿貞公開了他的後半生。

根據「私立根室女子小學『水野貞』事蹟」的記載（收錄於《根室市博物館開設準備室紀要》第7號），阿貞使用舊姓「水野」，在移居根室之前，一直住在函館的相生町（現在的元町附近）。許多舊會津藩士移居此地，平馬的部下雜賀孫六郎也住在這裡。他的妻子淺子是會津藩家老簗瀨三左衛門的女兒，她的妹妹津彌是內藤介右衛門（平馬的親哥哥）的妻子。平馬與阿貞被認為就是住在此地。

明治十五年，阿貞以「水野貞」之名，赴根室的花咲小學任教，於明治二十三年從同一所小學退休。也許與她夫婿的死有所關聯。

平馬與阿貞之間似乎生下了櫛枝和文雄兩姊弟。阿貞一邊照顧臥病在床的平馬，一邊開設私塾。「梶原平馬」想必是在妻子和兩個孩子的照護在離開人世。之後，阿貞成為了私立根室女子小學的校長。

時勢讓平馬無法成為「名家老」，然而，「名家老」是從可以創造時勢的人當中誕生。從以前到現在，有許多人都與平馬站在同樣的立場或是官位上。些微的「時差」讓他無法成為名家老，這一點非常遺憾。

無論是戰場或是茶道都登峰造極的名將

——廣島藩，上田重安

從「一番槍」晉升家老

心無旁鶩地朝著目標邁進，結果可能超乎本人的預期，人生有時候會出現這樣的驚喜。

戰國時代，一心一意練槍，夢想擁有「一國一城」的武將不在少數。同樣是槍，但執著於「一番槍[1]」，每次在戰場上都一馬當先，最終當上大名或家老的武將卻是少之又少。

但這裡卻有一位揚言「上戰場不做『一番槍』，有損武士名譽」的人。

這個人就是操著尾張的口音，一生只重複說著一件事，最後當上大名和家老的**上田重安**。

他的目光炯炯有神，異於常人。在出兵朝鮮參加獵虎的武士眼裡，他就是一頭野生的老虎，長相十分特殊。

上了戰場，像他這般沉著冷靜的人非常少見。就像是一頭老虎悄悄地接近獵物，猛然撲出吃下獵物。戰場上的爾虞我詐也是高人一等。在鎖定敵人之後，重安會靜悄悄地撲上去，一瞬間取下敵人首級。沒有誇張的動作，就好像是農夫從樹上摘取柿子一般自然且快速，完全不讓四周的人察覺。

他在永祿六年（一五六三）出生於尾張國星崎（現在的愛知縣名古屋市），是上田重元的兒子。父親是所謂的陪臣（家來的家來），是織田信長的重臣丹羽長秀的家臣。

父親在重安十歲時過世，由祖父重氏養大的重安，後來出任長秀的小姓。

第一次上戰場是在他十六歲的時候，討伐背叛織田家的荒木村重，攻打有岡城（現在的兵庫縣伊丹市），奮勇殺敵。

信長橫死於本能寺之變的時候，重安人在大坂，與織田家的四國方面軍副司令官（司令官是信長的三子信孝，但他是實質上的司令官）長秀一起，忙著準備渡海。

「大人在本能寺死得冤屈……。」

不知是否有向上報告，重安奉長秀之命，單騎前往征討被懷疑串通叛將明智光秀的光秀女婿津田信澄（信長的弟弟信勝＝信行之子）。

他首先趕往大坂的千貫櫓，果不其然是第一個到達。他為了獨佔功勞，竟然自己將打開的門又關上，不讓友軍進入，單槍匹馬突破重圍。可說是擁有「驚人的功名心」。

信長過世後的織田家在清洲會議後決定，長秀除了原有的若狹國（現在的福井縣西部）之外，又新增加了近江國志賀郡、高島郡（現在的滋賀縣大津市、高島市一帶）。

隨著主人的領土增加，重安的俸祿也增加到了五千石，以高島郡代官的身分，進入大溝城（現在的滋賀縣高島市）。這時的重安年僅二十歲。

此外，長秀與羽柴（後來的豐臣）秀吉聯手，與柴田勝家對峙。重安在爆發賤岳之戰時也參戰，戰後長秀又多增加了越前（現在的福井縣中北部）一國和加賀（現在的石川縣南部）二郡，重安也破天荒地獲得了越前一萬石。也就是說，他在二十一歲的時候就當上了大名。

就像是未上市的中小企業在短時間內急速成長後上市，分給員工的股票大漲，一般的小員工也在不知不覺中當上了課長或是部長。

然而，關鍵的主上丹羽長秀在這時因病去世。丹羽加急速累積的身家一百二十萬石，也在實質的天下共主秀吉刻意安排之下，一下子就萎縮了。

領國被削減沒收，能幹的丹羽家家臣（在秀吉看來是陪臣）一下子躍昇為直屬於秀吉的家臣。就好像是現代企業的吸收合併。

——這種情況該視為危機或是轉機呢？

成為秀吉家臣的一萬石大名重安在攻打小田原城時，負責進攻山中城（現在的靜岡縣三島市），但他追求功名的心依舊，刻意將大本營設在遠離友軍的地方，在煙硝的掩護之下，衝入城中，又是一馬當先的「一番槍」。

秀吉不討厭這樣野心勃勃的重安，反而非常欣賞他，將正室北政所的親弟弟杉原家次（後來的木下）的女兒嫁給重安，讓他成為豐臣家的一員。到了文祿三年（一五九四），重安晉升為從五位下主水司，賜姓「豐臣」。

「宗箇」——身為藝術家的另一個面貌

主上秀吉終究老去，離開了人世。

這個以「一番槍」為志向的勇者在接下來爆發的關原之戰中，究竟是站在東西軍的哪一方呢？不以一己私利作為判斷依據，重安竟然奔向了舊主丹羽氏。

從這裡可以明顯看出重安的率真。

這時，在加賀國小松城（現在的石川縣小松市），領取十二萬五千石的長秀嗣子丹羽長重，是一個非常值得重安仰賴的人。

長重在賤岳之戰中與父親並肩作戰，立下戰功。受到秀吉的刁難，領地被削減到只剩下四萬石，但之後憑著出征朝鮮時的優異表現，因此又獲加增八萬五千石，可說是一位名將。

關原之戰中，長重加入的是德川家康的東軍。

然而，關原之戰戰後處理的過程中，長重個人調動軍隊的行為遭到懷疑，領地反而遭到沒收，重安難得受挫。

他一度回到自領的越前國，但領地後來遭到沒收（長重之後領有陸奧國十萬七百石，東山再起）。

至於重安，他逃到了攝津國八部郡兵庫（現在的兵庫縣神戶市），不知為何，他剃了頭，號「宗箇」，開啟了另一個人生。

之後，阿波德島藩十七萬五千餘石（之後增加到二十五萬七千餘石）的蜂須賀家政招聘重安，直到慶長七年（一六〇二）為止，一直在德島生活。蜂須賀家為什麼會招聘重安呢？

他的威望甚至比「一番槍」更著名。

例如，這個時期，「宗箇」在德島城下築了一座被稱作千秋閣庭園的表御殿庭園。

一般人對於他勇猛野蠻的印象也許比較強烈，但事實上他曾在秀吉處學習茶道，在利休死後，又重新向古田織部（利休七哲之一）學習，京都大德寺第百十一世的春屋宗園授予他之前提到的法諱「宗箇」。

園藝造景也是身為藝術家的他所擅長的領域。

之後，他又接受紀州和歌山城主（三十七萬六千石）淺野幸長（長政的嫡子）作為客將的招聘。對於「宗箇」而言，曾是豐臣家族一員是一件幸運的事。

淺野家是從北政所養父母家興起的大名家，是重安妻子的另一個娘家，當時算是很親的外戚。

「宗箇」也在這裡打造了和歌山城的西之丸庭園、粉河寺的庭園。

後來淺野家移到廣島，他又在城內建造了泉水館（現在的縮景園）。

他身為藝術家的才能不僅限於庭院。這個專一的武人忙裡偷閒，利用空閒的時間鑽研茶道，開創了獨自的境地，自稱「上田宗箇流」。執著於「一番槍」、「一馬當先」的重安，在茶道的世界裡想必追求的也是第一。

突然想起孔子的弟子曾皙說過的話。

孔子問曾皙，如果手握權力想做什麼？曾皙回答道：

「浴乎沂，風乎舞雩，詠而歸。」

他的意思就是，我要在沂水（近曲阜的河川）邊沐浴，欣賞舞雩（祈雨的祭壇）的美景，吹著傍晚的涼風，一路唱著歌回家。曾皙這段超脫世俗，與自然融為一體的話，讓筆者聯想到了重安的茶道。

「此謂坐忘。」（《莊子》）

雖在，但忘卻一切。陶然自失，脫去身心，進入空的境地，這不正是重安追求且達到的境界嗎？

「上田宗箇流」——這個流派以廣島為中心，現在也持續傳承。

最後的舞台

慶長十九年（一六一四），爆發了大坂冬之陣。

重安沒有忘記他最擅長的「第一」。然而，他卻被編入了第三隊。

「說什麼傻話！」

一怒之下，甚至擅自從戰場上撤退。

雖然如此，但他沒有受到軍法處置，這全都是仰賴他的人品和過去的戰績。

夏之陣由大坂方佔得先機，計畫偷襲淺野長晟（幸長的後繼者，弟弟）的和歌山城。據報，以大野治房為大將，塙直之（團右衛門）、岡部則綱、淡輪重政等猛將，率兵三千前進和歌山。

另一邊的淺野方兵力五千人，應戰綽綽有餘。然而，又有消息傳出，這次的進軍和歌山，刺激了領內的一揆，兩股勢力準備一同夾擊五千兵士。

淺野方雖然因此猶豫是否應該出戰，但德川家下達了出兵的命令，在大軍走到中途的和泉（現在的大阪府南西部）佐野川附近時，傳出了錯誤的軍情：

「二萬大軍壓境。」

冷靜想想便可以知道，大坂方已經沒有那麼多的兵力可以派到紀伊（現在的和歌山全域和三重縣的一部分），淺野方雖然懷疑，但也十分困惑。

大軍於是退到樫井(現在的大阪府泉佐野市)。

(現在的大阪府南泉郡田尻町)靜觀其變，殿軍的家老歸田高綱則留在了和泉國安松

這時的重安，又開始了最擅長的獨斷獨行。

「急於立功的塙和岡部等人，一定不會等待後方的友軍，遠離友軍，長驅直入，不斷地向前進軍，逼近淺野的主力軍。」

看透這一點的重安，衝向偽裝成少數前鋒孤軍的塙軍。

這時，爭做「一番槍」的重安竟然一狀告向幕府老中，要他們一定要講清楚說明白，承認自己「第一」的地位。友軍也許會覺得他真是一個執拗的人，但部下看到重安這個樣子，反而安心下來。

那是因為，在等待敵軍逼近的時候，重安竟然砍下竹林裡的竹子，悠悠地削成兩根茶勺。他並不是在耍帥，而是非常自然的動作，這才是這個男人真正的價值。

「此謂坐忘」。

當時削成的茶勺稱做「敵隱(tekigakure)」，現在依舊保存在上田宗箇流的掌門人處。

之後，淺野長晟與家康的女兒振姬成親，福島正則改易後，淺野家接管移往藝州廣島。安藝國加上備後(現在的廣島縣東部)半國，成為四十二萬六千餘石的大家。

重安也因此獲賜安藝國佐西郡(現在的廣島縣廿日市周邊)一萬二千石，成為家老，之後又回歸再度

當上大名。之後，就任國家老。寬永十一年（一六三四），又獲加封五千石。

重安於慶安三年（一六五〇），結束了八十八年的生涯。

一心追求「一番槍」、「第一名」，讓他活到了這個歲數。

順道一提，其實他應該可以更長壽。重安的兒子重政在同年四月，比他更早死去。也許是太過傷心，重安不願進食，最終也離開人世。

然而，就像是以自己一生的功名為傲一般，死去時臉上非常安詳。

在戰國時代這個亂世之中，重安真不愧是一個用自己獨特的生活態度，成功東山再起的武將。

1 在戰場上率先衝入敵陣奮勇殺敵。

國家圖書館出版品預行編目(CIP)資料

戰國名家老的危機處理術──面對戰爭、內鬥、財政破產的計謀/加來耕三著；陳心慧譯．──初版．──新北市：遠足文化，西元 2015.08──(大河；2)
ISBN 978-986-91896-9-9 (平裝)

1. 傳記 2. 江戶時代 3. 日本史

783.12 104013819

大河 02

戰國名家老的危機處理術

面對戰爭、內鬥、財政破產的計謀

作者──加來耕三
譯者──陳心慧
總編輯──郭昕詠
編輯──王凱林、賴虹伶
封面設計─霧室
排版──健呈電腦排版股份有限公司

社長──郭重興
發行人兼
出版總監─曾大福

出版者──遠足文化事業股份有限公司
地址──231 新北市新店區民權路 108-3 號 6 樓
電話──(02)2218-1417
傳真──(02)2218-1142
電郵──service@bookrep.com.tw
郵撥帳號─19504465
客服專線─0800-221-029
部落格──http://777walkers.blogspot.com/
網址──http://www.bookrep.com.tw
法律顧問─華洋法律事務所 蘇文生律師
印製──成陽印刷股份有限公司
電話──(02)2265-1491

初版一刷 西元 2015 年 8 月
Printed in Taiwan